Business Spanish
Made Simple

Roberto Rodríguez-Saona
Lecturer, Trinity and All Saints' College, Leeds

and

Anne White
Lecturer, University of Bradford

MADE SIMPLE
B O O K S

Made Simple
An imprint of Butterworth-Heinemann Ltd
Linacre House, Jordan Hill, Oxford OX2 8DP

ℜ A member of the Reed Elsevier plc group

OXFORD   LONDON   BOSTON
MUNICH   NEW DELHI   SINGAPORE   SYDNEY
TOKYO   TORONTO   WELLINGTON

First published 1995

British Library Cataloguing in Publication Data
Rodríguez-Saona, Roberto
  Business Spanish
  I. Title II. White, Anne
  468.3

ISBN 0 7506 1735 7

Printed and bound in Great Britain by Clays, St Ives plc

Contents

Unit Twelve The consumer 154

Setting the scene ● Diálogo uno ● Translation ● Grammar and language in context ● Exercise 12.1 Asking about opinions ● Exercise 12.2 Diminutives The neuter article: *lo* Tener idioms ● Exercise 12.3 ● Diálogo dos ● Translation ● Grammar and language in context Asking about routines Expressions of frequency ● Exercise 12.4 ● Challenge ● Useful vocabulary and expressions: Market research ● Background notes: Data protection – LORTAD Consumer associations ● Key

Unit Thirteen Products 170

Setting the scene ● Sobre todo, la calidad ● Exercise 13.1 ● Grammar and language in context Comparison of adjectives ● Exercise 13.2 ● Diálogo uno ● Translation ● Grammar and language in context Superlatives and absolute superlatives ● Exercise 13.3 ● Diálogo dos ● Translation ● Grammar and language in context *¿Me podría dar detalles sobre. . .? ¿Tiene/Cuenta con alguna novedad? Alguno* and *ninguno* ● Exercise 13.4 ● Exercise 13.5 ● Challenge ● Useful vocabulary and expressions: Describing a product ● Background notes: Business and the environment Product standardization ● Key

Unit Fourteen Product launch and distribution 184

Setting the scene ● Diálogo uno ● Translation ● Exercise 14.1 ● Grammar and language in context Verbs: present subjunctive ● Exercise 14.2 ● Diálogo dos ● Translation ● Grammar and language in context *A mediados de* Conjunctions requiring the subjunctive ● Exercise 14.3 ● Grammar and language in context *En caso de que* Time clauses requiring the subjunctive *Sea lo que sea* ● Exercise 14.4 ● Challenge ● Useful vocabulary and expressions: Distribution ● Background notes: Distribution channels The Spanish toy industry ● Key

Unit Fifteen Advertising and promotions 199

Setting the scene ● Diálogo uno ● Translation ● Grammar and language in context *Recomendar* the indefinite antecedent Verbs: The passive ● Exercise 15.1 ● Exercise 15.2 ● Grammar and language in context Verbs: The imperative ● Exercise 15.3 ● *Diálogo dos* Translation ● Exercise 15.4 ● Exercise 15.5 ● Challenge ● Useful vocabulary and expressions: Media and advertising ● Background notes: The Spanish advertising sector The Spanish media ● Key

Acknowledgements

The authors would like to express their gratitude to Caroline McCarthy, Juliet Wood and Adrian Young for their invaluable help in the process of writing this book.

About the authors

Roberto Rodríguez-Saona is a lecturer in the department of Spanish at Trinity and All Saints' College, Leeds, where he teaches a variety of classes including Spanish for Professional Purposes.

Anne White is a lecturer in Spanish in the department of Modern Languages at the University of Bradford, with special responsibility for the teaching of Spanish to management students. She has experience of teaching Spanish at a variety of levels, including executives on intensive courses.

Introduction

As the title suggests, *Business Spanish Made Simple* has been written primarily to cater for the linguistic needs of English speakers who are involved in, or intending to become involved in, doing business with Spain. The language learning in this course is firmly rooted in the business context and supplemented with background information about Spain, its institutions and its business community, providing vital facts for anyone contemplating setting up business links with this country.

This language course has been designed to satisfy the needs of several different groups of language learners. Those of you who have already had some experience of Spanish, but feel a bit rusty, will find that the first four units will give you a chance to re-familiarize yourselves with some of the basics of Spanish grammar, providing a gradual introduction to what develops into a fast-moving and demanding course. Those of you who have already acquired a reasonable proficiency in the language may prefer to take the fast-track route through the first section of the course. However, even you may find that some of the language, specific to the business context, is new to you. Whatever your ability, and whether you are studying on your own or with a tutor, we recommend that you read the following notes before you begin working with *Business Spanish Made Simple* in order to get the most out of this course.

As a quick glance at the contents shows, each unit of the course is made up of several parts which generally follow the same pattern although the composition of some units may vary in particular cases to suit the nature of the topic being examined.

SETTING THE SCENE

Each unit begins with a brief overview of the topic to be examined and, when necessary, an introduction to the Spanish dialogue or text.

MODEL DIALOGUE(S) AND/OR PASSAGE(S) IN SPANISH

The model dialogues, in particular, represent a vital element of *Business Spanish Made Simple* since they are intended to reproduce as closely as possible the kind of spoken Spanish which you might expect to encounter in the course of your business transactions and negotiations.

Since the course is not intended for those who have no prior knowledge of Spanish, we have not included notes on pronunciation so you may wish to refer to *Spanish Made Simple* to refresh your memory. In general, though, since Spanish is a phonetic language, it presents relatively few surprises to the learner and with practice, most English speakers can manage to cope with even the more difficult sounds such as 'll' as in 'Sevilla', or the infamous guttural 'j' in 'jefe'.

TRANSLATION

An English translation is provided after each model dialogue or opening passage, chiefly in order to provide some extra support for those of you who are studying on your own, since it allows you to check the meaning of any new expressions or grammar points with which you are unfamiliar and to gauge your general comprehension of the language, particularly in the initial stages. As your proficiency and confidence grow, you may find that you only need to refer to part of the translation for clarification of a specific point, or you may even feel confident enough in certain circumstances to decide not to make use of the translation at all. Certainly you should not feel that just because it is there you are obliged to refer to it.

If you want to use these translations for language learning or testing, we suggest that rather than setting yourself the whole English passage to translate into Spanish, which can prove to be time-consuming, discouraging and often of limited benefit, you should choose up to ten useful or particularly difficult phrases and then concentrate your efforts on these parts of the dialogue or passage. If you underline or highlight these, you can refer back to them for revision purposes or to test yourself.

GRAMMAR AND LANGUAGE IN CONTEXT

The notes provided in this part of the unit are not intended to provide an exhaustive examination of the finer points of Spanish grammar but serve as a brief explanation enabling you to understand the nuts and bolts of the complex mechanism known as language. If you decide that you want more information about grammar, as may well be the case, then we suggest that you consult *Spanish Made Simple* or a good Spanish gammar book.

The emphasis in this part of the unit is on detail and accuracy – verb endings, agreements between nouns and adjectives etc. – but the context is still a practical one, with the focus on those grammatical difficulties which you are likely to encounter in professional situations. Since variety is not only the spice of life but also a vital ingredient in successful language learning, the exercises which you will find in this part of the unit take many different forms: blank-filling, substitution exercises, split sentences matching, to name but a few. In each case clear instructions are given so that you will know exactly what you are expected to do. We advise you to write the answers down rather than just respond mentally and then check your own answers using the key, which is deliberately placed at the end of the unit to limit distraction – and discourage cheating!

USEFUL VOCABULARY AND EXPRESSIONS

This section contains a Spanish–English word-list made up of the vocabulary used in the unit which is directly relevant to the topic under discussion, together with any additional terminology deemed essential in that area.

CHALLENGE

As the title suggests, these exercises provide an opportunity for you to test your capabilities. They are demanding but realistic tasks in which you are asked to extract information from the source material – for preference without the aid of a dictionary! Challenge exercises are based on authentic Spanish texts which are normally directly related to the main subject of the unit and are intended to test your gist comprehension of written Spanish, a skill which requires a combination of linguistic proficiency, common sense, cultural knowledge and, very often, inspired guesswork! Unlike the dialogues or passages, no full translation of these texts is given. However, the answers to the challenge exercise, is provided in the key.

BACKGROUND NOTES

At the end of each unit, we provide practical, up-to-date advice and information about doing business with Spain. This also includes background information about cultural differences which should ensure that possible misunderstandings of a non-linguistic nature are kept to a minimum. Further useful information is also provided in the Appendices.

EFFECTIVE LANGUAGE LEARNING

Everyone will have a preferred personal style of studying but here are some general suggestions on how to get the most out of this course, which should be particularly useful for those who are working through the course alone.

- Build in regular revision sessions to ensure that you are retaining earlier vocabulary and expressions. Test yourself, too, by referring back to previous units and keep a note of your progress.
- Try to build variety into your study sessions by practising different kinds of language skills. You may decide to spend slightly more time on the skills which you would normally be expected to use in connection with your job, such as reading or speaking, and choose to shift the emphasis slightly towards those, but do try to ensure that you do not concentrate on one skill, for example translation, at the expense of all the others.
- Programme language learning sessions into your day – don't leave them to chance. A little language study on a regular basis will be more effective in the long term than setting yourself impossible targets such as four hours of intensive study every Sunday.
- Be an active learner: interact with the book. Highlight or underline useful phrases in different colours; invent your own systems of

remembering verb endings; add comments and examples from your own experience to the vocabulary and expressions list.

Do remember that no language course or teaching methodology can guarantee results. Ultimately, it is the hard work and determination of the language learner alone, i.e YOU, which provides the key to success. So, *¡buena suerte, ánimo y. . . adelante!*

Every effort has been made to ensure the accuracy of factual information given in this book. However, due to the changing nature of such information, you are advised to check whether it is still applicable.

Unit One

Making contacts

SETTING THE SCENE

Whether at work or in a social setting, you will need to be able to introduce yourself and your colleagues whenever you make new business contacts. Here we look at ways of greeting clients or potential customers and providing some basic details about yourself.

DIÁLOGO UNO

El señor Martínez está de visita en Inglaterra para ver al señor Bowen, el gerente de ventas de una empresa británica, a quien conoció antes en una feria en Barcelona.

Mr Bowen	Buenos días, señor Martínez. Bienvenido.
Sr. Martínez	Buenos días. ¿Cómo está?
Mr Bowen	Estoy bien. ¿Y usted?
Sr. Martínez	Bien, gracias.
Mr Bowen	¿Qué tal el vuelo?
Sr. Martínez	Estupendo. Salida puntual. Comida sabrosa y buena atención.
Mr Bowen	¡Qué bien!
Sr. Martínez	A propósito, le presento a nuestro jefe de compras.
Mr Bowen	¿Cómo se llama?
Sr. Espino	Carlos Espino.
Mr Bowen	Encantado.
Sr. Espino	Igualmente.

TRANSLATION

Mr. Martínez is visiting England in order to see Mr. Bowen, the sales manager of a British firm, whom he met previously at a trade fair in Barcelona.

Mr Bowen	Good morning, Mr Martínez. Welcome.
Sr. Martínez	Good morning. How are you?
Mr Bowen	I'm fine. And you?
Sr. Martínez	Fine, thank you.
Mr Bowen	How was the flight?
Sr. Martínez	Wonderful. Departure on time. Tasty food and good service.
Mr Bowen	That's good!
Sr. Martínez	By the way, let me introduce you to our purchasing manager.
Mr Bowen	What's your name?
Sr. Espino	Carlos Espino.
Mr Bowen	Pleased to meet you.
Sr. Espino	Likewise.

GRAMMAR AND LANGUAGE IN CONTEXT

The articles

Definite (the)

	singular	*plural*
masculine	*el*	*los*
feminine	*la*	*las*

Indefinite (a, an)

	singular	*plural*
masculine	*un*	*unos*
feminine	*una*	*unas*

The articles are often used in Spanish when they are not required in English, as in the following example:

El señor Martínez y el señor Espino están en el aeropuerto.
Mr Martínez and Mr Espino are at the airport.

However, the article is not used when addressing someone directly:

Buenas tardes, señor Canales.
Good afternoon, Mr Canales.

Forming the plural

For nouns ending in a vowel, add -s:

el vuelo	*los vuelos*
la salida	*las salidas*

For nouns ending in a consonant, add *-es*:

el señor	*los señores*
la ciudad	*las ciudades*

Remember that accents may not be required when the stress changes:

el avión	*los aviones*
la reunión	*las reuniones*

Any good grammar book will provide you with further information about the rules governing the gender of nouns in Spanish. Remember to make a note of the gender of any new nouns which you learn.

EXERCISE 1.1

Give the plural form of the following nouns.

1	una visita	6	una organización
2	el día	7	el aeropuerto
3	un hotel	8	un gerente
4	la feria	9	la estación
5	el director	10	el plan

Buenos días

In addition to the usual greetings of *Buenos días*, *Buenas tardes* and *Buenas noches*, Spanish-speaking people also use *¡Buenas!* or *¡Muy buenas!* as an informal greeting at any time of day. It can be used on its own or preceded by *¡Hola!* Another common informal greeting is *¿Qué hay?*, roughly equivalent to 'How's things?' It is usually said in passing and does not require any reply.

¿Qué tal?

¿Qué tal? is an informal way of asking 'How are you?':

¿Qué tal, Rosa?	How are you, Rosa?
Bien, gracias.	I'm fine, thanks.

However, it can also be used to enquire about someone's opinions:

¿Qué tal el vuelo?
How was the flight?

¿Qué tal los nuevos empleados?
What are the new employees like?

EXERCISE 1.2

Match these questions with the correct response from those given below.

1   ¿Qué tal la reunión con el señor Cuevas?
2   ¿Qué tal el nuevo jefe de compras?
3   ¿Qué tal las facilidades que ofrece el hotel?
4   ¿Qué tal la feria en Madrid?

a   Muy interesante. Este año había muchas nuevas compañías y más stands.
b   Son excelentes. Y además, está en el centro.
c   Estupenda. Va a firmar el contrato mañana.
d   Es trabajador y con buenas ideas.

¡Qué bien!

There are a number of exclamations of this type which are used to express a variety of emotions.

¡Qué interesante!	How interesting!
¡Qué pena!	What a shame!
¡Qué asco!	How revolting!
¡Qué horror!	How awful!

Possessive adjectives

All possessive adjectives in Spanish have a singular and a plural form. *Nuestro* and *vuestro* have a masculine and a feminine form.

singular	*plural*	
mi	*mis*	my
tu	*tus*	your (familiar)
su	*sus*	his, hers, its
nuestro, nuestra	*nuestros, nuestras*	our (masculine, feminine)
vuestro, vuestra	*vuestros, vuestras*	your (masculine, feminine)
su	*sus*	their
su	*sus*	your (polite)

Possessive adjectives must agree with the noun to which they refer:

Mi jefe está hablando con vuestros representantes ahora.
My manager is talking with your representatives now.

Utilizamos sus productos en nuestra empresa.
We use your products in our company.

EXERCISE 1.3

Fill in the blanks with the correct possessive adjective.

1 Aquí está _____ pasaporte, señor Ortega. (your, polite)
2 _____ colegas llegan mañana. (my)
3 Es necesario resolver _____ problemas. (your, plural, familiar)
4 _____ compañía exporta a muchos países latinoamericanos. (our)
5 ¿Cuáles son _____ planes para el futuro, Roberto? (your, familiar)
6 La directora está en _____ oficina. (her)
7 _____ secretaria se llama Dolores Cortés. (my)
8 La empresa vende _____ productos en Portugal. (its)

DIÁLOGO DOS

Mientras el señor Martínez habla con el director de MULTIFORM UK y examina la nueva gama de productos, su colega Carlos Espino toma café con el señor Bowen.

Mr Bowen   ¿Es su primera visita a Inglaterra?
Sr. Espino   No. Viajo con frecuencia a muchos países europeos.
Mr Bowen   ¿Usted es madrileño como el señor Martínez?
Sr. Espino   No. Soy de Santiago.
Mr Bowen   ¿Es interesante su puesto?
Sr. Espino   Sí, sí. Las condiciones de trabajo son muy buenas y el salario es excelente. (*El señor Martínez entra en la oficina.*)
Mr Bowen   Ah, señor Martínez. ¿Desea un café?

TRANSLATION

While Mr Martínez talks to the director of MULTIFORM UK and examines the new range of products, his colleague Carlos Espino has coffee with Mr Bowen.

Mr Bowen   Is it your first visit to England?
Sr. Espino   No. I often travel to many European countries.
Mr Bowen   Are you from Madrid like Mr Martínez?
Sr. Espino   No. I'm from Santiago.
Mr Bowen   Is it an interesting post?
Sr. Espino   Yes, yes. The working conditions are very good and the salary is excellent. (*Mr Martínez enters the office.*)
Mr Bowen   Ah, Mr Martínez. Do you want a coffee?

GRAMMAR AND LANGUAGE IN CONTEXT

Irregular verbs: ser (to be)

soy	somos
eres	sois
es	son

Ser is used to express identity, nationality, origin and profession.

> *Soy Miguel Bravo. Soy español.*
> I'm Miguel Bravo. I'm Spanish.

> *El señor Casares es de Sevilla.*
> Mr Casares is from Seville.

> *La señora Serrano es jefa de compras.*
> Mrs Serrano is a purchasing manager.

Regular verbs: The present tense (indicative) -ar

Spanish verbs are divided into three groups or conjugations according to their endings: *-ar, -er* or *-ir*. Regular verbs ending in *-ar* follow the pattern below. Endings are indicated in bold.

hab**lar** (to talk)

(yo)	hab**lo**	(nosotros)	hab**lamos**
(tú)	hab**las**	(vosotros)	hab**láis**
(él, ella)	hab**la**	(ellos, ellas)	hab**lan**
(usted)	hab**la**	(ustedes)	hab**lan**

The present tense is normally used to refer to actions performed regularly:

> *Estudiamos español los jueves por la tarde.*
> We study Spanish on Thursday evenings.

> *Generalmente tomamos café a las once.*
> We usually have coffee at eleven o'clock.

EXERCISE 1.4

Fill in the blanks with the correct form of the verbs in brackets.

1   Nosotros _____ en Madrid. (trabajar)
2   La compañía _____ la reunión en mayo. (celebrar)

3 La jefa _____ por teléfono. (hablar)
4 La señorita Morales _____ la conferencia. (organizar)
5 ¿Ustedes _____ muchos productos a Italia? (exportar)
6 Los empleados _____ hablar con el director. (desear)
7 ¿ _____ japonés? (estudiar, tú)
8 ¿Usted _____ mucho dinero? (ganar)

VOCABULARY EXTRA

El señor Martínez es madrileño. Es de Madrid. Spaniards have a series of adjectives which they use to describe people from particular places. Some are easily recognizable, others are less obvious. Look at the following list and see how many you can spot. You may need to check some of them in a dictionary.

1	barcelonés	6	gaditano
2	zaragozano	7	salmantino
3	malagueño	8	tarraconense
4	burgalés	9	vallisoletano
5	conquense	10	donostiarra

CHALLENGE

Read the following passage from the new appointments section of a Spanish business magazine.

Gabriela García Parrado, madrileña de 40 años de edad, es la nueva directora general de ventas y marketing de la compañía Vendesa. Hasta ahora fue responsable de la división de marketing paneuropeo de la empresa italiana Ferrazi. Casada y con dos hijos, es licenciada en Filología y Master en Administración de Empresas del IESE de Barcelona. Domina tres lenguas extranjeras (inglés, italiano y francés) y actualmente estudia japonés. También es presidenta de la Asociación de Mujeres Profesionales Españolas (AMPE). Creada hace tres años, la organización tiene unos 4.000 miembros y la señora García Parrado ocupa este puesto desde el año pasado.

Now, look at this entry for Gabriela García Parrado which appeared in a directory of European executives. Correct any mistakes made by the editor and add any details which have been omitted.

Name:	Gabriela García Parrado
Current position:	Director of marketing and sales for Ferrazi
Born:	Milan
Marital status:	Married, with three children
Qualifications:	Degree in Philosophy; MBA in Business Administration
Languages:	Spanish, Italian, some Japanese
Other information:	Has held position of President of Organización de Mujeres Profesionales Europeas for nearly three years.

USEFUL VOCABULARY AND EXPRESSIONS

Making contacts

¿Cómo se llama usted? — What is your name?

Me llamo . . . /Soy . . . — I'm . . .

Soy de la compañía Interpac. — I'm from the Interpac company.

Usted es Carlos Espino, ¿verdad? — Are you Carlos Espino?

Sí, soy yo. — Yes, that's me.

Creo que nos hemos conocido antes, ¿verdad? — I think we've met before, haven't we?

Aquí tiene mi tarjeta. — Here is my business card.

Permítame darle mi número de teléfono y mi dirección. — Let me give you my telephone number and address.

Le presento al jefe/a la jefa de Compras. — Let me introduce the Purchasing Manager.

Le presento al señor/a la señora/ a la señorita Johnson. — Let me introduce Mr/Mrs/ Miss Johnson.

¿Conoce usted a Juan Mendoza? — Have you met Juan Mendoza?

Creo que ya se conocen, ¿verdad? — I think you've already met.

Este es mi colega José Blas. — This is my colleague. (male)

Esta es mi colega Marta García. — This is my colleague. (female)

Encantado/Encantada. — Pleased to meet you.

Mucho gusto.	Pleased to meet you.
Igualmente.	Likewise.

BACKGROUND NOTES

Business cards

All Spaniards have two surnames, though often they will introduce themselves using only one of the two. The first is the father's and the second the mother's. The two Spanish executives in the examples could be addressed as *Señor Pérez García* or *Señor Pérez* and *Señorita Calderón Sarmiento* or *Señorita Calderón*.

Married women keep the first of their maiden names and add their husband's first surname to form their married name. Thus if *Josefa Calderón Sarmiento* were to marry *Luis Pérez García*, she would be addressed as *Señora Josefa Calderón de Pérez*. There is no equivalent to 'Ms' in Spanish.

Sometimes you will hear older people being addressed as *don* (men) or *doña* (women) in addition to their first name. This is usually a sign of respect.

The following abbreviations are all commonly used on business cards.

Av., Avda.	Avenida	Avenue
C., Cía.	Compañía	Company
C/	Calle	Street
Crta.	Carretera	Road

dcha., der.	derecha	right
Gral.	General	General
Hnos.	Hermanos	Bros.
izq., izqa.	izquierda	left
Lic. en	Licenciado/a en	Bachelor of
no., núm.	número	number
of.	oficina	office
S.A.	sociedad anónima	Plc
S.L.	sociedad limitada	Plc
s/n	sin número	no number
Sr.	señor	Mr.
Sra.	señora	Mrs.
Srta.	señorita	Miss
Sres.	señores	Messrs.
tel., teléf.	teléfono	telephone

Tú or Usted?

There are two ways of choosing to address the person you are talking to in Spanish, either the familiar form *tú* or the polite form *usted*, normally abbreviated in the written form as *Vd*. Although the use of *tú* is much more widespread than was previously the case, you should always address people you are meeting for the first time as *usted*. When you get to know a Spaniard better, he or she may suggest that you use the *tú* form, with a phrase like *Podemos tutearnos, ¿no?* It is better to let them take the initiative. Remember, too, that when you are giving a formal presentation, you should always address the audience as *ustedes* (*Vds.*) rather than *vosotros*.

KEY

EXERCISE 1.1

1	unas visitas	4	las ferias
2	los días	5	los directores
3	unos hoteles	6	unas organizaciones

7   los aeropuertos4   9   las estaciones
8   unos gerentes   10 los planes

EXERCISE 1.2

1   c
2   d
3   b
4   a

EXERCISE 1.3

1   su
2   mis
3   vuestros
4   nuestra
5   tus
6   su
7   mi
8   sus

EXERCISE 1.4

1   trabajamos
2   celebra
3   habla
4   organiza
5   exportan
6   desean
7   estudias
8   gana

VOCABULARY EXTRA

1   Barcelona   3   Málaga
2   Zaragoza   4   Burgos

5	Cuenca	8	Tarragona
6	Cádiz	9	Valladolid
7	Salamanca	10	San Sebastián

CHALLENGE

Name:	Gabriela García Parrado
Current position:	Director of marketing and sales for **Vendesa**
Born:	**Madrid**
Marital status:	Married, with **two** children
Qualifications:	Degree in **Philology**; MBA in Business Administration
Languages:	Spanish, Italian, Japanese, **French and English**
Other information:	Has held position of President of **Asociación** de Mujeres Profesionales **Españolas since last year**

Unit Two

Travel

SETTING THE SCENE

Those involved in business and commerce can expect to be travelling more frequently than before, as joint ventures between firms based in Spain and the United Kingdom increase and other new business opportunities present themselves. Unit Two focuses on the language which you will find useful when travelling in Spain and the Background Notes include more information about transport.

DIÁLOGO UNO

Kate Porter es la jefa de ventas para una compañía inglesa y viaja a España con frecuencia. Está en el aeropuerto de Barcelona, esperando la salida del próximo vuelo para Manchester.

«Pasajeros a Manchester, vuelo IB 1825, dirigirse al mostrador veinticinco para facturación.»

Empleado	¿Adónde viaja, señorita?
Kate Porter	A Manchester.
Empleado	Su pasaporte y billete, por favor.
Kate Porter	Tenga.
Empleado	¿Quiere asiento de fumador o no fumador?
Kate Porter	No fumador. El asiento de la ventana, por favor.
Empleado	Muy bien. ¿Lleva artículos eléctricos en las maletas?
Kate Porter	Sólo en el equipaje de mano.
Empleado	Vale. Aquí están su pasaporte, billete . . . y su tarjeta de embarque. Puerta nueve en media hora. ¡Buen viaje!
Kate Porter	Gracias.

TRANSLATION

Kate Porter is the sales manager for an English company and she travels to Spain frequently. She is in Barcelona airport, waiting for the departure of the next flight for Manchester.

'Passengers for Manchester, flight IB 1825, please go to desk twenty-five to check in'.

Check-in clerk	Where are you travelling to, madam?
Kate Porter	To Manchester.
Check-in clerk	Your passport and ticket, please.
Kate Porter	Here you are.
Check-in clerk	Do you want smoking or non-smoking?
Kate Porter	Non-smoking. A window seat, please.
Check-in clerk	Fine. Do you have any electrical appliances in your suitcases?
Kate Porter	Only in my hand luggage.
Check-in clerk	OK. Here are your passport, your ticket . . . and your boarding pass. Gate nine in half an hour. Have a good journey!
Kate Porter	Thank you.

EXERCISE 2.1

True or false?

1 Kate Porter trabaja para una empresa inglesa.
2 No viaja mucho.
3 Está en la capital española.
4 Espera el próximo vuelo para Madrid.
5 Desea un asiento no fumador.
6 No lleva artículos eléctricos en sus maletas.
7 Para subir al tren, Kate necesita una tarjeta de embarque.

GRAMMAR AND LANGUAGE IN CONTEXT

Adjectives

Adjectives must agree with the noun which they describe and so most adjectives have four different forms:

	singular	*plural*
masculine	*un pasaporte británico*	*unos pasaportes británicos*
	a British passport	some British passports
	un proyecto excelente	*unos proyectos excelentes*
	an excellent project	some excellent projects
	un avión español	*unos aviones españoles*
	a Spanish plane	some Spanish planes
feminine	*una compañía británica*	*unas compañías británicas*
	a British company	some British companies
	una persona importante	*unas personas importantes*
	an important person	some important people
	una secretaria española	*unas secretarias españolas*
	a Spanish secretary	some Spanish secretaries

Adjectives are often placed after the noun but they can also be placed in front of the noun. When certain adjectives, like *bueno* or *malo*, are placed before a singular masculine noun, they have a shortened form, seen in the phrase *¡Buen viaje!* In all other instances, these adjectives follow the normal pattern.

EXERCISE 2.2

Fill in the blanks with the correct form of the adjective provided in brackets.

1 Las oficinas _____ están en la capital. (principal)
2 Tiene un _____ contrato. (bueno)
3 Sus opiniones sobre el asunto son muy _____ . (importante)
4 _____ extranjeros trabajan en el hotel. (mucho)
5 La zona _____ está en el norte del país. (industrial)
6 Los empleados son _____ . (trabajador)
7 Es una _____ campaña. (malo)
8 Su gama de productos es _____. (excelente)

Vale

Vale is just one of a number of phrases which can be used to express agreement. Others include:

Muy bien.	Fine.
Por supuesto.	Of course.
De acuerdo.	O.K.
Eso es.	That's right.
Claro.	Of course.
Estoy de acuerdo.	I agree.
Sí, es verdad.	That's true.
Tiene razón.	You're right.

¿Dónde . . .? and ¿Adónde . . .?

Dónde is used in conjunction with the verb *estar* when enquiring about the location of people or objects:

> *¿Dónde está tu hermana?*
> Where is your sister?

> *¿Dónde está el Hotel Miramar?*
> Where is the Hotel Miramar?

Adónde is only used with verbs indicating motion, like *ir* and *viajar*, in questions concerning the destination of something or somebody:

> *¿Adónde va este tren?*
> Where does this train go?

> *¿Adónde viajamos esta tarde?*
> Where are we travelling to this afternoon?

EXERCISE 2.3

Complete the phrases using either *Dónde* or *Adónde*, as required.

1 ¿ _____ se celebra la feria este año?
2 ¿ _____ van los delegados esta noche?
3 ¿ _____ vive Carlos Guerra?
4 ¿ _____ está la oficina de la directora?
5 ¿ _____ viajan las azafatas mañana?

Numbers 1–10

1	uno	6	seis
2	dos	7	siete
3	tres	8	ocho
4	cuatro	9	nueve
5	cinco	10	diez

EXERCISE 2.4

There have been some problems with the departures board at Barcelona and all the destinations have been mixed up. Unscramble them to provide the names of ten European capitals.

SALIDAS

Puerta	Destino	
1	ORMA	(Italia)
2	SAPRÍ	(Francia)
3	DAMDIR	(España)
4	ETASAN	(Grecia)
5	RESNOLD	(Gran Bretaña)
6	BUDNÍL	(Irlanda)
7	ASIBLO	(Portugal)
8	HALAYA	(Holanda)
9	SURBESAL	(Bélgica)
10	HACEPOGUEN	(Dinamarca)

DIÁLOGO DOS

Subiendo al avión

Azafata	El billete, por favor. ¿Qué asiento tiene?
Pasajero	Veinte B.
Azafata	Está allí, a la derecha. ¿Y ustedes?
Pareja	Tenemos veintinueve C y D.
Azafata	Están al fondo, a la izquierda.
Kate Porter	Yo tengo el dos A.
Azafata	Aquí está, en clase Club.

TRANSLATION

Boarding the plane

Stewardess	Your ticket, please. What's your seat number?
Passenger	Twenty B.
Stewardess	It's there, on the right. And you?
Couple	Twenty-nine C and D.
Stewardess	They're down there, on the left.
Kate Porter	I've got two A.
Stewardess	Here it is, in Club Class.

GRAMMAR AND LANGUAGE IN CONTEXT

Irregular verbs

Tener (to have)

tengo	tenemos
tienes	tenéis
tiene	tienen

Estar (to be)

estoy	estamos
estás	estáis
está	están

Expressing location using estar

When describing where something is in Spanish, in almost every instance an expression involving the verb *estar* will be required. Here are a few of the most frequently used phrases:

Estar +	It is . . .
allí	there
aquí	here
cerca	near
lejos	far
a la derecha	on the right
a la izquierda	on the left
en el norte	in the north

en el sur	in the south
en el oeste	in the west
en el este	in the east
en el centro	in the centre
en las afueras	on the outskirts

EXERCISE 2.5

Translate the following sentences.

1 Granada is not in the north. It is in the south.
2 Susana's office is here.
3 The airport is not far. It is on the outskirts of the city.
4 The seats are there, on the right.
5 Where is the station? Is it in the centre?

Numbers 11–99

Study these numbers.

11	once	23	veintitrés
12	doce	24	veinticuatro
13	trece	25	veinticinco
14	catorce	26	veintiséis
15	quince	30	treinta
16	dieciséis	31	treinta y uno*
17	diecisiete	40	cuarenta
18	dieciocho	50	cincuenta
19	diecinueve	60	sesenta
20	veinte	70	setenta
21	veintiuno*	80	ochenta
22	veintidós	90	noventa

*Uno becomes un before masculine nouns:

veintiún empleados	twenty-one employees
cuarenta y un coches	forty-one cars

and una before feminine nouns:

sesenta y una maletas	sixty-one suitcases

EXERCISE 2.6

The following passage, on a recent addition to Spain's railway system, the high-speed AVE train, contains many figures. Practise reading it aloud, paying careful attention to the numbers.

El proyecto de la línea AVE (Alta Velocidad Española) está considerado como una de las más importantes obras de ingeniería civil realizadas en Europa en los últimos 20 años. Hay 16 kilómetros de túnel y 10 kilómetros de viaducto. El tren de alta velocidad sale de Atocha, con sus 15 vías, y actualmente, el viaje de Madrid a Sevilla dura 2 horas, 18 minutos y 21 segundos. Antes, el viaje era de 5 horas, 55 minutos. Cada día hay 4 viajes de ida y vuelta. Se venden 3 clases de billetes y se calcula que cada año 5 millones de pasajeros van a viajar en el tren. El precio de los billetes depende de la clase y la fecha pero cuestan como mínimo 6.000 (seis mil) pesetas y como máximo, casi 17.000 pesetas.

DIÁLOGO TRES

Después de su llegada en Barajas, Juan Ribero coge un taxi para ir al centro de Madrid.

Taxista	Buenos días. ¿Adónde va?
Juan Ribero	Al Paseo La Castellana, Hotel Excelsior.
Taxista	Su equipaje va en el maletero. ¿Me permite. . . ?
Juan Ribero	Gracias.
Taxista	¿Siempre lleva su ordenador en sus viajes?
Juan Ribero	Sí, es muy importante para mí. Escribo cartas e informes. Preparo cuentas. Guardo información. Utilizo el banco de datos y ¡hasta tengo algunos juegos!
Taxista	¿Quién gana?
Juan Ribero	Normalmente, el ordenador.

TRANSLATION

After his arrival in Barajas, Juan Ribero takes a taxi to the centre of Madrid.

Taxi driver	Good morning. Where are you going to?
Juan Ribero	To Paseo La Castellana, Hotel Excelsior.

Taxi driver	Your luggage goes in the boot. Allow me ...
Juan Ribero	Thank you.
Taxi driver	Do you always take your computer on your trips?
Juan Ribero	Yes, it's very important to me. I write letters and reports. I prepare accounts. I store information. I use the database and I even have some computer games!
Taxi driver	Who wins?
Juan Ribero	The computer, usually.

GRAMMAR AND LANGUAGE IN CONTEXT

Irregular verbs: ir (to go)

voy	vamos
vas	vais
va	van

Verbs: the present tense (indicative) -er, -ir

Here are the remaining two groups of verbs and their endings.

comer (to eat)	vivir (to live)
como	vivo
comes	vives
come	vive
comemos	vivimos
coméis	vivís
comen	viven

EXERCISE 2.7

Here are some activities people often do at work:

escribir informes	contactar clientes
contestar cartas	solucionar problemas
supervisar personal	asistir a reuniones
vender productos	procesar textos
comprar productos	utilizar un ordenador
presentar productos	viajar con frecuencia

Describe the jobs which you and your colleagues normally do or imagine the kind of activities you would be likely to do in your future career, for example:

Viajo con frecuencia a España.
I often travel to Spain.

Preparamos informes para el director de finanzas.
We prepare reports for the financial director.

VOCABULARY EXTRA

Match these words and phrases often seen at airports and railway stations with the symbols commonly used to represent them.

NO ENTRAR	FACTURACIÓN	LLEGADAS
SERVICIOS	FARMACIA	INFORMACIÓN
ASCENSOR	ZONA DE ESPERA	CAFETERÍA
CAMBIO	PARADA DE BUS	ALQUILER DE COCHES

(a)   (b)   (c)   (d)

(e)   (f)   (g)   (h)

(i)   (j)   (k)   (l)

CHALLENGE

Leafing through her in-flight magazine, Kate Porter noticed an article in Spanish which interested her.

Un número creciente de compañías aéreas está implantando el sistema de *vuelos azules*, exclusivamente para no fumadores. La tendencia a la prohibición de fumar en los lugares públicos está en alza en América del Norte y Europa. Canadienses, norteamericanos, suecos, daneses y británicos han sido los primeros en prohibir fumar a los pasajeros de sus vuelos domésticos. Y ahora, las líneas aéreas de Hungría (Malév), Alemania (Lufthansa), Portugal (TAP) y Francia (Air France) están iniciando una serie de vuelos exclusivamente para no fumadores, a título experimental.

Según fuentes de Iberia, por el momento la compañía española no piensa adoptar medidas semejantes. Sin embargo, ha aumentado la proporción de asientos para no fumadores a un sesenta por ciento en los vuelos domésticos.

Glancing at the accompanying English article which is based on the Spanish passage, she realized that it contained eight errors. Can you spot them too?

The Spanish airline, Cantabria, is intending to adopt the *green flight* system which is already being operated by several other European airlines, including TAP, Malév, Air Canada and Lufthansa. The Swiss, the Danish and the British were the first Europeans to schedule these special air flights exclusively for smokers. A similar system is also in operation on some Canadian and American planes. The Spanish airline says that seventy per cent of the seats on its international flights are reserved for non-smokers.

USEFUL VOCABULARY AND EXPRESSIONS

Transport

¿Se puede ir andando?	Is it within walking distance?
¿A qué hora llega el vuelo desde . . .?	When does the flight from . . . arrive?
¿Hay algún vuelo de enlace para . . .?	Is there a connecting flight for . . .?

¿A qué hora tengo que facturar mi equipaje/mis maletas?	When must I check in my luggage?
¿De qué terminal sale el vuelo para . . .?	Which terminal does the flight for . . . leave from?
Sería mejor ir en autobús/taxi/metro/coche/avión/tren	It would be better to go by bus/taxi/Underground/car/plane/train
¿Tiene un horario?	Do you have a timetable?
¿Hay una estación de metro/una parada de autobuses por aquí?	Is there an Underground station/a bus-stop near here?
¿Hace falta hacer transbordo?	Is it necessary to change?
No. Va directo.	No. It goes direct.
Quisiera hacer una reserva.	I'd like to reserve a seat.
Un billete de ida y vuelta para. . .	A return ticket to . . .
Un billete de ida solamente.	A single.
Un billete de primera/segunda clase.	A first-/second-class ticket.
¿A qué hora sale el próximo tren para . . .?	When does the next train for . . . leave?
¿De qué andén sale?	Which platform does it leave from?
¿Cuánto tiempo dura el viaje?	How long does the journey last?
Hay un retraso de dos horas.	There is a two-hour delay.
Quisiera conseguir un taxi.	I'd like a taxi.
¿Puede recogerme a las nueve?	Can you pick me up at nine?

BACKGROUND NOTES

Air

The Spanish national airline, Iberia (including Aviaco and Viva Air), offers a wide range of scheduled flight destinations to Spain. Information is normally available at any travel agent.

The airports serving Barcelona (El Prat Tel: 93 325 58 29) and Madrid (Barajas Tel: 91 205 86 56) are both connected to the city centres by taxi and bus. In addition, a shuttle train runs between Sants railway station in Barcelona and El Prat. There is a regular air shuttle service between Barcelona and Madrid (45 minutes) and Spanish executives often travel by plane given the distances involved between major cities. This service is usually very busy on Friday evenings and Monday mornings.

Train

A number of different types of trains operate on Spain's national rail network, RENFE (Red Nacional de Ferrocarriles Españoles), including the latest addition, the AVE (Tren de Alta Velocidad Española), a high-speed intercity service. The Talgo (first-class only) is a luxury air-conditioned train. Tickets for both should be reserved well in advance at RENFE offices, railway stations or travel agents. Other trains, in descending order of speed, are Electro, Expreso, Rápido, Semidirecto, Tranvía and Tren-correo. RENFE offers cheaper fares on *días azules* (off-peak days) and for business travellers, the *Tarjeta RENFE* is also available, providing discounts of various kinds for regular travellers. Details can be obtained from RENFE, Dirección de Viajeros de Largo Recorrido, c/ Agustín de Foxá, s/n 28039 Madrid (Tel: 91 314 36 86).

Urban transport

Both Madrid and Barcelona have Underground systems (*Metro*) which provide a quick, efficient means of getting round the city. Taxis are also widely available. A green light and *libre* sign indicate that the vehicle is for hire.

Driving in Spain

If you intend to drive your own car in Spain, or to hire one, contact the AA or RAC to find out what current motoring regulations are. The *RAC Book of European Hotels* contains a very useful section on driving abroad.

There are three types of roads in Spain:

Autopistas (motorways): Speed limit 120 k/h. Most are *autopistas de peaje* (toll roads).
Carreteras nacionales (main roads): Speed limit 90 k/h.
Carreteras comarcales (local roads): Speed limit 60 k/h.

Driving without a seatbelt outside built-up areas and drink-driving both carry severe penalties. If you incur a minor traffic offence, payment on the spot reduces the fine by 20%.

In case of emergency, on a toll road, contact RACE (Real Automóvil Club de España) Tel: 91 754 24 68 (Madrid area) or 93 200 33 11 (Barcelona).

KEY

EXERCISE 2.1

1 True.
2 False. Viaja mucho.
3 False. Está en Barcelona.
4 False. Espera el próximo vuelo para Manchester.
5 True.
6 True.
7 False. Para subir al avión, Kate necesita una tarjeta de embarque.

EXERCISE 2.2

1	principales	5	industrial
2	buen	6	trabajadores
3	importantes	7	mala
4	muchos	8	excelente

EXERCISE 2.3

1	Dónde	4	Dónde
2	Adónde	5	Adónde
3	Dónde		

EXERCISE 2.4

1	ROMA	3	MADRID
2	PARÍS	4	ATENAS

5	LONDRES	8	LA HAYA
6	DUBLÍN	9	BRUSELAS
7	LISBOA	10	COPENHAGUE

EXERCISE 2.5

1   Granada no está en el norte. Está en el sur.
2   La oficina de Susana está aquí.
3   El aeropuerto no está lejos. Está en las afueras de la ciudad.
4   Los asientos están allí, a la derecha.
5   ¿Dónde está la estación? ¿Está en el centro?

EXERCISE 2.6

El proyecto de la línea AVE (Alta Velocidad Española) está considerado como una de las más importantes obras de ingeniería civil realizadas en Europa en los últimos veinte años. Hay dieciséis kilómetros
de túnel y diez kilómetros de viaducto. El tren de alta velocidad sale de
Atocha, con sus quince vías, y actualmente, el viaje de Madrid a Sevilla
dura dos horas, dieciocho minutos y veintiún segundos. Antes, el viaje
era de cinco horas, cincuenta y cinco minutos. Cada día hay cuatro
viajes de ida y vuelta. Se venden tres clases de billetes y se calcula que
cada año cinco millones de pasajeros van a viajar en el tren. El precio
de los billetes depende de la clase y la fecha pero cuestan como mínimo
seis mil pesetas y como máximo, casi diecisiete mil pesetas.

EXERCISE 2.7

Escribo/Escribimos informes.
Presento/Presentamos productos.

Contesto/Contestamos cartas.
Superviso/Supervisamos personal.
Vendo/Vendemos productos.
Compro/Compramos productos.

Contacto/Contactamos clientes.
Soluciono/Solucionamos
problemas.
Asisto/Asistimos a reuniones.
Proceso/Procesamos textos.
Utilizo/Utilizamos ordenadores.
Viajo/Viajamos con frecuencia.

VOCABULARY EXTRA

a   CAFETERÍA

b   SERVICIOS

c   LLEGADAS

d   ZONA DE
ESPERA

e   ALQUILER DE
COCHES

f   PARADA DE BUS

g   FACTURACIÓN

h   FARMACIA

i   NO ENTRAR

j   INFORMACIÓN

k   CAMBIO

l   ASCENSOR

CHALLENGE

1   Cantabria – Iberia

2   is intending – is not intending

3   green – blue

4   Air Canada – Air France

5   Swiss – Swedish

6   smokers – non-smokers

7   seventy – sixty

8   international – domestic

Unit Three

Accommodation

SETTING THE SCENE

Once you have decided on a business trip to Spain, the next step is to ensure that you have somewhere to stay, so in this unit we look at how to book hotel accommodation and also how to enquire about the facilities and services which are on offer. Since local festivities can sometimes mean full hotels, a list of the main holidays celebrated in Spain is also included here.

Hotel Excelsior * * *

Está en el centro de Madrid y es ideal para convenciones. Al mismo tiempo, permite al viajero conocer la capital con sus museos y monumentos.

⊙	sitio céntrico	T	terraza
🛏	35 habitaciones dobles	C	2 salones de convenciones
🛏	25 habitaciones individuales	🍷	bar
🍴	restaurante	♨	calefacción central
🛗	ascensor	❄	aire acondicionado
$	cambio de moneda	☎	teléfono
🏊	piscina	Ⓟ	garaje
📺	TV en habitaciones	♪	hilo musical

DIÁLOGO UNO

Phil Harris llama a un hotel en Madrid desde su oficina en Manchester para averiguar sus facilidades. La recepcionista describe lo que el Hotel Excelsior puede ofrecer.

Phil Harris	¿Dónde está el Hotel Excelsior?
Recepcionista	El hotel es céntrico y está cerca de museos, correos, bancos, transporte público y un centro comercial.
Phil Harris	¿Qué facilidades tiene?
Recepcionista	El hotel cuenta con calefacción central, bar, restaurante, ascensor, garaje . . . Además, en cada habitación hay teléfono, hilo musical, televisión y una terraza.
Phil Harris	¿Y cuánto cuesta una habitación?
Recepcionista	Una habitación doble es 9.500 pesetas por noche. Una habitación individual es 7.800 por noche.
Phil Harris	Me parece bien. ¿Puedo reservar seis habitaciones individuales?
Recepcionista	¿Para cuántas noches?
Phil Harris	Para tres noches. ¿Hay descuento para un grupo de seis?
Recepcionista	Sí. El cinco por ciento.
Phil Harris	Muy bien. Los detalles van por fax esta tarde.

TRANSLATION

Phil Harris calls a hotel in Madrid from his office in Manchester to find out about its facilities. The receptionist describes what the Hotel Excelsior can offer.

Phil Harris	Where is the Hotel Excelsior?
Receptionist	The hotel is central and it's near museums, the Post Office, banks, public transport and a shopping centre.
Phil Harris	What facilities does it have?
Receptionist	The hotel has central heating, a bar, restaurant, lift, garage . . . And in every room there's a telephone, radio, television and a balcony.
Phil Harris	And how much does a room cost?
Receptionist	A double room is 9,500 pesetas a night. A single is 7,800 a night.
Phil Harris	That seems fine. Can I book six single rooms?
Receptionist	For how many nights?
Phil Harris	For three nights. Is there a discount for a group of six?
Receptionist	Yes. Five per cent.
Phil Harris	Fine. The details will go by fax this afternoon.

GRAMMAR AND LANGUAGE IN CONTEXT

Conocer (to know)

Conocer is one of a number of verbs which are irregular in only the first person singular:

conozco	conocemos
conoces	conocéis
conoce	conocen

Other verbs of this kind include: *permanecer – permanezco* (to remain), *conducir – conduzco* (to drive), *producir – produzco* (to produce), *traducir – traduzco* (to translate).

Prepositions

Study these examples of the use of prepositions, taken from the text and dialogue above:

a, al (a + el)

Phil Harris llama **a** *un hotel.*
Al *mismo tiempo*

con

Cuenta **con** *calefacción central.*

de, del (de + el)

El centro **de** *Madrid.*
Está cerca **de** *museos.*

desde

Llama **desde** *su oficina.*

en

El Hotel Excelsior está **en** *el centro.*
En *cada habitación hay teléfono.*

para

Llama **para** *averiguar sus facilidades.*
Seis habitaciones **para** *tres noches.*

por

7.800 pesetas **por** *noche.*
El cinco **por** *ciento.*
Los detalles van **por** *fax.*

EXERCISE 3.1

Fill in the blanks using the correct preposition.

1   Hoy día, hay un centro comercial _____ casi todas las ciudades.
2   Quisiera una habitación _____ quince días.
3   El cuarenta y nueve _____ ciento es casi la mitad.
4   Nuestra nueva fábrica está cerca _____ puerto.
5   Actualmente la empresa cuenta _____ pocos empleados.
6   La recepcionista promete mandar los detalles _____ fax.
7   Las habitaciones cuestan 9.000 pesetas _____ noche.
8   La secretaria llama _____ restaurante italiano.
9   Trabajan el fin de semana _____ ganar más dinero.

Verbs: Root-changing verbs o → ue

The verb *poder* does not follow the same pattern as other verbs ending in *-er* which we have already met, such as *comer* or *beber*. It is not an irregular verb, however, since it follows a different kind of pattern. In certain persons of this verb (and many others like it) the vowel O changes to the dipthong UE, as shown below:

poder (to be able to)

	singular	*plural*
First person	**pue**do	podemos
Second person	**pue**des	podéis
Third person	**pue**de	**pue**den

Other common verbs following the same pattern include:

costar	to cost	*volver*	to return
contar	to count, tell	*llover*	to rain
almorzar	to have lunch	*devolver*	to give back
encontrar	to find	*voler*	to fly
recordar	to remember	*morir*	to die

EXERCISE 3.2

Translate the following sentences.

1 How much does the new model cost?
2 It does not rain much in Granada.
3 Do you have lunch here every day? (vosotros)
4 They can offer excellent facilities.
5 Do you remember his telephone number? (tú)
6 The receptionist returns tomorrow.

Spanish equivalents of is/are: Hay, es and está

El hotel **es** *céntrico.*
The hotel **is** central.

Está *cerca de museos.*
It **is** near the museums.

En cada habitación **hay** *teléfono.*
There **is** a telephone in every room.

In the dialogue, all of these expressions are translated into English by the same word: is.

Hay, from the verb *haber*, is invariable and can be used to mean both 'there is' and 'there are'. *Hay* is used

– before nouns with no article:

Hay ducha en cada habitación.
There is a shower in every room.

– before nouns preceded by the indefinite article:

Hay una piscina en el jardín.
There is a swimming pool in the garden.

– before nouns preceded by a numeral:

Hay dos bares en el hotel.
here are two bars in the hotel.

– and before indefinite pronouns:

¿Hay alguien en el restaurante?
Is there anyone in the restaurant?

EXERCISE 3.3

Use one element from each of the columns to make eight sentences.

La sede	fábricas	hay dos ordenadores.
En la oficina	señorita,	son muy rápidas.
Las salas	de Mercedes	es de Lugo.
Por favor,	fotocopiadoras	son grandes.
La jefa	de la empresa	es muy conveniente.
El centro	de conferencias	están en las afueras de la capital.
Las nuevas	de ventas	está en Bilbao.
Las grandes	comercial	¿hay un banco por aquí?

Time: Months of the year and days of the week

Los meses del año

ENERO						
L	M	M	J	V	S	D
					1	2
3	4	5	6	7	8	9
10	11	12	13	14	15	16
17	18	19	20	21	22	23
24 31	25	26	27	28	29	30

FEBRERO						
L	M	M	J	V	S	D
	1	2	3	4	5	6
7	8	9	10	11	12	13
14	15	16	17	18	19	20
21	22	23	24	25	26	27
28						

MARZO						
L	M	M	J	V	S	D
	1	2	3	4	5	6
7	8	9	10	11	12	13
14	15	16	17	18	19	20
21	22	23	24	25	26	27
28	29	30	31			

ABRIL						
L	M	M	J	V	S	D
				1	2	3
4	5	6	7	8	9	10
11	12	13	14	15	16	17
18	19	20	21	22	23	24
25	26	27	28	29	30	

MAYO						
L	M	M	J	V	S	D
						1
2	3	4	5	6	7	8
9	10	11	12	13	14	15
16	17	18	19	20	21	22
23 30	24 31	25	26	27	28	29

JUNIO						
L	M	M	J	V	S	D
		1	2	3	4	5
6	7	8	9	10	11	12
13	14	15	16	17	18	19
20	21	22	23	24	25	26
27	28	29	30			

JULIO						
L	M	M	J	V	S	D
				1	2	3
4	5	6	7	8	9	10
11	12	13	14	15	16	17
18	19	20	21	22	23	24
25	26	27	28	29	30	31

AGOSTO						
L	M	M	J	V	S	D
1	2	3	4	5	6	7
8	9	10	11	12	13	14
15	16	17	18	19	20	21
22	23	24	25	26	27	28
29	30	31				

SEPTIEMBRE						
L	M	M	J	V	S	D
			1	2	3	4
5	6	7	8	9	10	11
12	13	14	15	16	17	18
19	20	21	22	23	24	25
26	27	28	29	30		

OCTUBRE						
L	M	M	J	V	S	D
					1	2
3	4	5	6	7	8	9
10	11	12	13	14	15	16
17	18	19	20	21	22	23
24 31	25	26	27	28	29	30

NOVIEMBRE						
L	M	M	J	V	S	D
	1	2	3	4	5	6
7	8	9	10	11	12	13
14	15	16	17	18	19	20
21	22	23	24	25	26	27
28	29	30				

DICIEMBRE						
L	M	M	J	V	S	D
			1	2	3	4
5	6	7	8	9	10	11
12	13	14	15	16	17	18
19	20	21	22	23	24	25
26	27	28	29	30	31	

Los días de la semana

¿Qué día es hoy?	What day is it today?
¿Y mañana?	And tomorrow?
¿Y pasado mañana?	And the day after tomorrow?
Hoy es lunes. Mañana es martes.	Today is Monday. Tomorrow is Tuesday.
Y pasado mañana es miércoles.	And the day after tomorrow is Wednesday.
¿Cuándo es la reunión?	When is the meeting?
El lunes, por la tarde.	Monday afternoon.

Study these examples of dates:

el primero de junio	1st June
el veintiuno de octubre	21st October
el trece de enero	13th January

Notice that the names of the months in Spanish are not written with a capital letter as they are in English.

There are several ways of asking what date it is. Two of the most common are:

¿A cuánto estamos?
¿Qué fecha es hoy?

EXERCISE 3.4

Here is a list of some important dates in the Spanish calendar. Write them out in full or practise saying them aloud – without any hesitation!

1   6 – i
2   1 – v
3   15 – viii
4   12 – x
5   6 – xii

¿Cuánto . . . ?

¿Cuánto . . . ? means 'How much . . . ?':

> *¿Cuánto es?*
> How much is it?

> *¿Cuánto cuestan los sellos?*
> ¿How much do the stamps cost?

> *¿Cuánto pesa su maleta?*
> How much does your suitcase weigh?

¿Cuántos, Cuántas . . .?

¿Cuántos, Cuántas . . . ? means 'How many . . . ?' and agrees with the noun to which it refers:

> *¿Cuántos empleados trabajan en la fábrica?*
> How many employees work in the factory?

> *¿Cuántas hojas de papel necesitas?*
> How many sheets of paper do you need?

EXERCISE 3.5

Match the questions with an appropriate response. Which two responses do not answer any of the questions?

1   ¿Qué tal los nuevos ordenadores?
2   ¿Dónde está la nueva planta?
3   ¿Quién es la directora?
4   ¿Cuándo se celebra la próxima feria?
5   ¿Adónde va este tren?
6   ¿Eres andaluz?
7   ¿Cuánto cuesta una habitación doble?
8   ¿A cuánto estamos hoy?

a   No sé exactamente pero generalmente es en junio.
b   Con baño, 8.500 pesetas por noche.
c   No. Soy de Barcelona pero vivo en Sevilla.
d   En la zona industrial, en las afueras de Zaragoza.
e   Son ultramodernos y además, muy fáciles de usar.
f   Soy director general de una empresa alemana.
g   Es el veintiséis de abril.
h   Viajo a Galicia.
i   Está allí. Es la mujer que habla con Pedro Casas.
j   A Madrid pero no sale hasta las siete.

Phil Harris drafts out the fax he intends to send to Madrid to confirm his hotel reservation.

TELEFAX

A: Hotel Excelsior
Fax: 010 34 1 488188 5
Asunto: Reservación de habitaciones
De: ExpoMaterials
Fecha: 3 de junio

Estimados señores:

Después de nuestra conversación telefónica, quisiera confirmar la reservación de seis habitaciones individuales con baños para tres noches a partir del domingo, el 20 de junio.

Muy atentamente

Phil Harris

EXERCISE 3.6

After talking with his colleagues, Phil Harris realizes that he needs to make some changes to his original draft, as there have been some last-minute alterations to the programme. They now need five single rooms and one double room and their stay has been extended to four nights, with arrival planned for Saturday 19th June. Write out the new version of the fax which Phil Harris must send to the Hotel Excelsior.

CHALLENGE

A colleague is planning to holiday in Spain this year and has received a brochure about the Hotel Esmeralda. However, she does not read Spanish and has asked if you could help by answering some of her questions.

1   Where exactly is the Hotel Esmeralda?
2   What facilities are there in the hotel rooms?
3   What kind of cuisine is available in the hotel?
4   Does the hotel have any outdoor sporting facilities?

HOTEL ESMERALDA

El Hotel Esmeralda está situado en la población de Mijas, uno de los pueblos andaluces más antiguos, a 30 km de Málaga con su aeropuerto internacional, en la Costa del Sol. Tiene 120 habitaciones de gran lujo, todas provistas de televisor color, aire acondicionado, minibar y terraza. La decoración de las habitaciones y del hotel es típicamente andaluza. Hay servicio de habitación día y noche.

También tiene unas facilidades inigualables con dos restaurantes – uno andaluz y otro que sirve especialidades francesas – y tres bares.

Además le ofrece todo para seguir un programa de salud: instalaciones deportivas que incluyen pistas de tenis y piscinas, saunas, sala de gimnasia. El hotel está construido con dos magníficos terrenos de golf diseñados por el famoso Arthur Smithson.

El Hotel Esmeralda espera el grato placer de acogerle en la Costa del Sol.

USEFUL VOCABULARY AND EXPRESSIONS

Accommodation

¿Qué facilidades tiene el hotel?

What facilities does the hotel have?

¿Hay . . . en las habitaciones?

Is/are there . . . in the rooms?

¿Tiene una habitación libre?

Do you have a room free?

¿Cuánto cuesta una habitación?

How much is a room?

Quisiera reservar una habitación doble/individual/con ducha/con baño.

I would like to book a double/single room/with a shower/bath.

Quiero media pensión/pensión completa.

I want half-board/full board.

La reserva sería para cuatro noches, a partir del quince de mayo.

The booking is for four nights, from 15th May.

En nombre de . . .

It's in the name of . . .

Confirmaré la reserva por fax/por teléfono/por carta.

I'll confirm the booking by fax/by telephone/by letter.

¿Podría darme su número de fax/de teléfono?

Can you give me your fax/telephone number?

¿Está disponible mi habitación?

Is my room ready?

¿En qué piso está la habitación?

Which floor is the room on?

¿Hay ascensor?

Is there a lift?

¿A qué hora debo dejar la habitación?

What time must I check out?

¿A qué hora sirven el desayuno/el almuerzo/la cena?

What time is breakfast/lunch/dinner served?

¿Podría llamarme manaña a las seis?

Could you call me tomorrow morning at six?

¿Podría avisarme cuando llegue mi colega/un señor de apellido Blasco?

Could you let me know when my colleague/a man by the name of Blasco arrives?

¿Tienen ustedes caja de seguridad/servicio de lavandería?

Do you have a strongbox/laundry service?

¿Hay un banco cerca de aquí?

Is there a bank nearby?

Mi habitación es demasiado ruidosa.

My room is too noisy.

¿Tiene una habitación más tranquila?	Do you have a quieter room?

BACKGROUND NOTES

Important dates and public holidays

1st January	New Year's Day
6th January	Epiphany
19th March	St Joseph (Father's Day)
March/April	Maundy Thursday (except Barcelona)
	Good Friday
	Easter Monday (Barcelona)
1st May	Labour Day
18th June	Corpus Christi
24th June	Saint's Day of King Juan Carlos
25th July	St James
15th August	Assumption of the Virgin Mary
12th October	National Day (Día de la Hispanidad)
1st November	All Saints' Day
6th December	Constitution Day
8th December	Immaculate Conception
25th December	Christmas Day

In addition, there are various local *fiestas*, such as the *Fallas* in Valencia, *San Fermín* in Pamplona, the *feria* in Seville, *San Isidro* in Madrid and St George's Day in Catalonia. Given these regional variations, before booking your business trip, ensure that you are not going to arrive during local festivities. The Spanish Tourist Board should be able to provide further details. If a holiday falls on a Thursday or a Tuesday, it is common to take a long weekend or *puente*.

Many Spaniards take their summer vacation in August, and even in the big cities it is common for bars, restaurants and smaller businesses to close during this month. Normal working hours are 9.00–13.30/14.00 and 16.00–20.00 but the English system is becoming more common. Some firms have different hours (*una jornada intensiva*) in summer, working 8.30-15.30/16.00.

Paradores

If you are combining business with pleasure, you may want to consider staying in a *parador*. The *paradores* are state-run hotels, often converted castles, monasteries and other minor Spanish monuments. *Parador* packages are available. To reserve a room, write to: Central Reservation for Paradors in Spain, C/ Velázquez, 18, 18001, Madrid. Tel: 010-34-1-435 9700, Fax 010-34-1-435 9944. In Britain, contact Keytel International, 402, Edgware Road, London W2 1ED Tel: 071-402 8182, Fax: 071-724 9503.

All hotels in Spain are legally required to provide complaint forms when requested by clients.

KEY

EXERCISE 3.1

1   en
2   para
3   por
4   del
5   con
6   por
7   por
8   al
9   para

EXERCISE 3.2

1   ¿Cuánto cuesta el nuevo modelo?
2   No llueve mucho en Granada.
3   ¿Almorzáis aquí todos los días?
4   Pueden ofrecer facilidades excelentes.
5   ¿Recuerdas su número de teléfono?
6   La recepcionista vuelve mañana.

EXERCISE 3.3

La sede	de la empresa	está en Bilbao.
En la oficina	de Mercedes	hay dos ordenadores.
Las salas	de conferencias	son grandes.
Por favor,	señorita,	¿hay un banco por aquí?
La jefa	de ventas	es de Lugo.
El centro	comercial	es muy conveniente.
Las nuevas	fotocopiadoras	son muy rápidas.
Las grandes	fábricas	están en las afueras de la capital.

EXERCISE 3.4

1 el seis de enero
2 el primero de mayo
3 el quince de agosto
4 el doce de octubre
5 el seis de diciembre

EXERCISE 3.5

1 e
2 d
3 i
4 a
5 j
6 c
7 b
8 g

f and h do not answer any of the questions.

EXERCISE 3.6

Después de nuestra conversación telefónica, quisiera confirmar la
reservación de cinco habitaciones individuales y una doble con
baños para cuatro noches a partir del sábado diecinueve de junio.

CHALLENGE

1   In the town of Mijas, 30 km from Málaga, on the Costa del Sol.
2   All rooms have colour television, air conditioning, mini-bar and balcony. 24-hour room service is available.
3   The hotel has two restaurants, one Andalusian and another serving French specialities.
4   Outdoor sporting facilities include tennis courts, swimming pools and two golf courses.

Unit Four

Eating out

SETTING THE SCENE

For Spaniards, bars and restaurants are an important part of socializing and most business colleagues will invite you to join them for a drink or possibly a meal. Reading menus can be difficult even for those with a wide knowledge of Spanish, and it would be impossible to cover all the vocabulary you might come across, but with a few basic questions it is at least possible to ensure that you can find out more or less what a dish consists of. We also look at different ways of expressing likes, dislikes and preferences. The Background Notes provide further information about a particularly Spanish form of eating out: *tapas*.

ЄПƬURSA

RESTAURANTE LIBREDON

Platos Fríos

Salpicón de Mariscos	1.300
Cocktail de Gambas	1.100
Paté de la Casa	600
Jamón Ibérico	1.700
Jamón de York	600

Sopas y Cremas

Sopa de Cebolla	390
Crema de Legumbres	330
Veloute de Ave	330
Caldo Gallego	330
Consomé	330
Sopa de Pescado	660

PLATOS DEL DIA

Lunes
Rape al Vino Tinto 1.200

Martes
Concha de Mariscos Cantábrica. 1.100

Miércoles
Pequeña Fritura de Pescados ... 1.000

Huevos y Pastas

Huevos Revueltos con Espárragos	450
Tortilla de Mariscos	450
Huevos Fritos con Jamón	450
Arroz a la Cubana	500
Fideos con Almejas al Queso	850

Verduras y Ensaladas

Guisantes con Jamón	550
Alcachofas Romana	550
Champiñones Granjera	700
Espárragos Fríos dos Salsas	950
Ensalada Mixta	400
Ensalada del Tiempo	330

Jueves
Almejas en Salsa Verde 945

Viernes
Bacalao a la Aldeana 885

Sábado
Merluza Reyes Católicos 1.350

Domingo
Arroz Marinera (dos personas) 2.250

Pescados

Frito de Rape Orly con Salsa de Tomate	990
Calamares Salteados Provenzal	950
Brocheta de Vieiras Parrilla	1.400
Merluza a la Gallega	1.600

Carnes

Escalope de Cerdo Diabla	750
Chuletitas de Cordero al Ajillo	1.200
Chuleta de Ternera a la Plancha	1.100
Entrecote	1.100

Postres

Tabla de Quesos Surtidos	390
Flan con Nata	250
Copa de Helado Hostal	550
Helados en Copa (Café, Chocolate, Vainilla)	330
Tarta de Almendras Compostela	350
Compota de Frutas en Almíbar	350
Cestillo de Frutas del Tiempo	325

Reading a menu

The menu is arranged in the order in which you would normally eat the dishes on offer, with the starters (*entremeses*) and light dishes followed by the more substantial fish (*pescado*) and meat (*carne*) courses and finally the desserts (*postres*). In addition to these, each day of the week has its own speciality dish (*plato del día*). Most restaurants will offer a dish of the day, and if this information is not on the menu it will normally be mentioned by the waiter. As this is a menu from a Galician (*gallego*) restaurant, these dishes all contain fish and seafood. Other regions would offer a different range of local specialities and you will find that Spanish hosts are usually only too pleased to explain at great length exactly what these dishes contain. However, there are some key words and phrases that you could expect to see on Spanish menus, and if you know these you can cope in most situations:

Entremeses

las legumbres/las verduras vegetables

la sopa/el caldo	soup	*los huevos*	eggs
la tortilla	Spanish omelette	*el arroz*	rice
la ensalada	salad	*mixto*	mixed
de la casa	of the house	*frío*	cold
al queso	au gratin		

Pescado y mariscos   (seafood)

los calamares	squid	*las gambas*	prawns
los mejillones	mussels	*el bacalao*	cod
la merluza	hake	*frito*	fried
a la romana	fried in batter		

Carne y ave   (poultry)

el pollo	chicken	*la chuleta*	chop
el cordero	lamb	*el cerdo*	pork
el jamón	ham	*la ternera*	veal
la salsa	sauce/gravy	*al ajillo*	cooked in garlic
a la parilla	charcoal-grilled	*a la plancha*	grilled
asado	roast		

Postres

el flan	creme caramel	*la fruta*	fruit
el helado	ice cream	*la tarta*	tart, cake
con nata	with cream	*en almibar*	in syrup
del tiempo	seasonal	*el queso*	cheese

EXERCISE 4.1

Take another look at the menu from the Restaurante Libredon and see
if you can suggest:

1   A cold dish for someone who enjoys seafood.
2   A soup which is a regional speciality.
3   An egg dish for someone who is allergic to shellfish.
4   A vegetable dish which would not be suitable for a vegetarian.
5   A fish dish for someone who wants to try squid.
6   A meat dish you would not recommend to someone who does not
    like garlic.
7   A low-calorie dessert for someone on a strict diet.

DIÁLOGO UNO

Generalmente, Alfredo Bouza vuelve a su casa para almorzar. Hoy, sin
embargo, almuerza en el Restaurante Libredon con un colega, José
Rivera, que está de visita.

Sr. Bouza	¿Qué es escalope de cerdo diabla?
Camarero	Es una de nuestras especialidades, señor. Es un filete de cerdo con una salsa picante de tomate y pimientos. Es un plato muy sabroso.
Sr. Bouza	Muy bien. Un escalope con una ensalada mixta.
Sr. Rivera	El plato del día, ¿qué es hoy?
Camarero	Bacalao a la aldeana. Es un plato típico de la región – bacalao salado cocido con patatas y legumbres.
Sr. Rivera	Me gusta la carne, pero prefiero el pescado. Déme el plato del día. Alfredo, ¿te apetece un poco de vino?
Sr. Bouza	Sí.
Sr. Rivera	Media botella de Rioja y una de agua mineral sin gas, entonces.
Camarero	Vale, señor.

TRANSLATION

Normally, Alfredo Bouza returns home to have lunch. Today, however, he is having lunch in the Libredon Restaurant with a colleague, José Rivera, who is on a visit.

Sr. Bouza	What's devilled pork escalope?
Waiter	It's one of our specialities, sir. It's a pork fillet with a piquant tomato and pepper sauce. It's a very tasty dish.
Sr. Bouza	Very good. Escalope with a mixed salad.
Sr. Rivera	What's today's special?
Waiter	It's country-style cod. It's a typical dish of the region – salt cod cooked with potatoes and vegetables.
Sr. Rivera	I like meat, but I prefer fish. Give me the dish of the day. Alfredo, do you fancy a little wine?
Sr. Bouza	Yes.
Sr. Rivera	A half bottle of Rioja and one of still mineral water, then.
Waiter	All right, sir.

GRAMMAR AND LANGUAGE IN CONTEXT

Me gusta/no me gusta

Gustar (to like) is the verb most commonly used to express likes and dislikes. It is always preceded by an indirect pronoun which is used to indicate who is affected by the action of the verb in a sentence. The list of indirect pronouns is as follows:

me	to me	*nos*	to us
te	to you (informal)	*os*	to you (informal)
le	to you (formal)	*les*	to you (formal)
to	him, to her		to them

    ¿Te gusta el pescado?
Do you like fish?

    ¿Te gustan las fresas?
Do you like strawberries?

Me gusta *el pescado pero no me* gustan *las fresas.*
I like fish but I don't like strawberries.

This expression can also be used with verbs in the infinitive:

Me gusta viajar en tren pero no me gusta viajar de noche.
I like travelling by train but I don't like travelling at night.

The following phrases can precede *gustar* for emphasis or clarification:

a mí	to me	a nosotros/as	to us
a tí	to you (informal)	a vosotros/as	to you (informal)
a usted	to you (formal)	a ustedes	to you (formal)
a él	to him	a ellos	to them (male)
a ella	to her	a ellas	to them (female)

A ella, le gusta el nuevo diseño, pero a él, no.
She likes the new design, but he does not.

EXERCISE 4.2

How would you ask (a) a friend (informal) and (b) a work colleague (formal) if he or she liked the following things?

1   Spanish wine
2   Seafood
3   Roast chicken
4   Working at the weekend
5   Writing reports
6   Learning Spanish

Now look at the responses below and match them to the questions.

a   No, porque soy vegetariana.
b   Sí, y además es imprescindible para mi trabajo.
c   No, pero con mi nuevo ordenador, es mucho más rápido.
d   Sí, preferentemente un buen Rioja.
e   Sí, sobre todo las gambas.
f   No, pero a veces es necesario para terminar un proyecto a tiempo.

Other verbs which can be used to express likes include *encantar* and *apetecer* and both are used in the same way as *gustar*:

Me encantan los cuadros de Picasso.
I love Picasso's paintings.

¿Le apetece una cerveza fría?
Do you fancy a cold beer?

Verbs: Root-changing verbs e → ie

Both *querer* and *preferir* follow the same pattern, with *e* being replaced by *ie* as shown below:

querer (to want)

	singular	*plural*
First person	quiero	queremos
Second person	quieres	queréis
Third person	quiere	quieren

preferir (to prefer)

	singular	*plural*
First person	prefiero	preferimos
Second person	prefieres	preferís
Third person	prefiere	prefieren

Other common verbs which follow this pattern are:

comenzar (to begin)	*entender* (to understand)	*invertir* (to invest)
empezar (to begin)	*perder* (to lose)	*sugerir* (to suggest)
pensar (to think)	*encender* (to switch on)	

recomendar (to recommend)
cerrar (to close)

EXERCISE 4.3

Complete the following sentences with the correct form of the verb in brackets.

1   Isabel _____ que es una estrategia excelente. (pensar)

2   Yo y Juan _____ viajar en coche. (preferir)
3   María, tú _____ japonés, ¿verdad? (entender)
4   Camarero, ¿qué _____ como postre? (recomendar)
5   La presentación _____ a mediodía. (empezar)
6   Los clientes _____ el nuevo modelo. (preferir)
7   _____ la ventana en mi despacho a causa del ruido. (cerrar)
8   ¿Cuánto dinero _____ en el proyecto? (invertir, ustedes)

DIÁLOGO DOS

En la cafetería King-York

Srta. Campos	Quisiera un café con leche y . . . ¿tiene bocadillos?
Camarero	No. Pero hay tortilla y queda un poco de empanada.
Srta. Campos	¿Qué lleva la empanada?
Camarero	Lleva verduras: pimientos, cebolla . . .
Srta. Campos	¿No lleva carne?
Camarero	No. Ni carne ni pescado.
Srta. Campos	Entonces déme una ración. Soy vegetariana. ¿Cuánto es?
Camarero	Doscientas ochenta pesetas.

TRANSLATION

In the King-York café

Srta. Campos	I'd like a white coffee, please, and . . . do you have any sandwiches?
Waiter	No. But there's tortilla and a little bit of pasty left.
Srta. Campos	What's in the pasty?
Waiter	It's got vegetables: peppers, onion . . .
Srta. Campos	It doesn't contain any meat?
Waiter	No. No meat or fish.
Srta. Campos	Then I'll have a portion. I'm a vegetarian. How much is it?
Waiter	Two hundred and eighty pesetas.

Cafeteria King-York

PLATOS COMBINADOS

Rep. de El Salvador, 8-Telf. 595961

SANTIAGO DE COMPOSTELA

D.hc..... *Campos* .... DEBE:

TIP. PAREDES 2570

Cantidad	D E T A L L E	Pesetas
1	*Café con leche*	60
1	*Ración de empanada*	220

Nº 17195   TOTAL   280

Mesa n.º .... Camarero ....

.... *2* .... de .... *Mayo* ....

GRAMMAR AND LANGUAGE IN CONTEXT

Asking for what you want

In the dialogue, Señorita Campos uses two different words to ask for what she wants: *quisiera* and *déme*. *Quisiera* is the imperfect subjunctive form of the verb *querer*. (For more on the imperfect subjunctive, see Unit 17.) *Dé* is the imperative form of the irregular verb *dar* and *déme* literally means 'give me'. Both expressions are common, although it is also quite acceptable to simply state what you want:

Dos cafés con leche y un sandwich de queso y jamón de York.
Two white coffees and a cheese and ham toasted sandwich.

You will also find that Spaniards tend to use phrases like *por favor* (please) and *gracias* (thank you) much less frequently than we would in English.

Irregular verbs: dar (to give)

doy	damos
das	dais
da	dan

Numbers: 100 – 1,000

100	ciento or cien	500	quinientos/as
101	ciento uno	600	seiscientos/as
142	ciento cuarenta y dos	700	setecientos/as
200	doscientos/as	800	ochocientos/as
300	trescientos/as	900	novecientos/as
400	cuatrocientos/as	1.000	mil

Ciento becomes *cien* before nouns and before *mil* and *millones*.

From *doscientos* onwards, the hundreds also have a feminine form, e.g. *doscientos kilos* (two hundred kilos) but *trescientas cajas* (three hundred boxes).

Notice that Spaniards often use a full stop where we would use a comma when writing numbers.

EXERCISE 4.4

How would you say the following in Spanish?
Write out each phrase in full and then practise reading it out loud.

1   500 cars
2   930 pounds
3   100 companies
4   104 hotels
5   365 days
6   982 customers

7   715 pages
8   1,000 kilometres

EXERCISE 4.5

Fill in the blanks in the dialogue with the correct word from the list below.

a   Camarero: ¿Qué _____ tomar ustedes?
b   Señor: Quisiera una agua _____ con gas.
c   Señora: Y para mí un _____ solo.
d   Camarero: ¿_____ o pequeño?
e   Señora: Una taza _____ .
f   Camarero: ¿Quieren _____ algo más?
g   Señor: ¿Qué _____ de comer?
h   Camarero: Tenemos _____ de queso, de _____
             serrano, de tortilla . . .
i   Señor: Pues, _____ uno de tortilla.
j   Camarero: Y usted, señora, ¿ _____ algo?
k   Señora: No, gracias. No _____ nada.

hay   mineral   tomar   bocadillos   déme   quiero
café   quiere   pequeña   desean   jamón   grande

VOCABULARY EXTRA

Which is the odd word out in each of the following groups of words?

1   atún rape pollo sardinas bacalao
2   cebolla espárragos patata pera champiñones
3   chuleta queso cordero bistec ternera
4   gambas mejillones calamares almejas alcachofa
5   arroz con leche flan huevos revueltos helado melocotones en
    almíbar
6   café vainilla fresa chocolate cerveza

CHALLENGE

A fax comes through offering a new service which could be useful when you have to work late.

¿Le gusta la tortilla?
¿Está cansado de las pizzas a domicilio?

Le ofrecemos un nuevo concepto, Torti . . . ¡ya!. No es un bar ni un restaurante sino un servicio especializado en cocinar y servir en su casa o en su oficina tortillas a la española previamente encargadas por teléfono. Tenemos tortillas para todos los gustos:

de patata	de jamón	de guisantes
de pimientos	de atún	de cebolla
de queso	de gambas	de champiñón

El precio oscila entre las setecientas cincuenta y las novecientas ochenta y cinco pesetas. Aseguramos una entrega caliente en treinta minutos (salvo el sábado por la noche) y nuestro horario es:

lunes–viernes	12.00–15.00 y 20.00–24.00
el fin de semana	12.00–16.00 y 20.00–02.00

¡Llámenos! Tel: 553 72 27

1 What is Torti . . . ¡ya!?
2 Which different types of tortilla do they offer?
3 How much do they cost?
4 What do they guarantee?
5 What are their business hours?

USEFUL VOCABULARY AND EXPRESSIONS

Eating out

Quisiera reservar una mesa para cuatro personas para las nueve.	I would like to reserve a table for four people for nine o' clock.
A nombre de Smith.	In the name of Smith.
¿Tiene una mesa libre?	Do you have a table free?
Somos tres.	There are three of us.
¿Qué desea tomar/beber/comer?	What do you want to have/drink/ eat?
Espero a un invitado.	I'm waiting for a guest.
La carta/la lista de vinos, por favor.	The menu/the wine list, please.
¿Puede decirme en qué consiste este plato?	Can you tell me what's in this dish?
¿Tienen . . . ?	Do you have . . . ?
¿Podría traerme . . . ?	Could you bring me . . . ?
Yo voy a tomar . . .	I'll have . . .
Para mí, . . .	For me, . . .
¿Qué recomienda para empezar/ como plato principal/como postre?	What do you recommend as a starter/as a main course/as a dessert?
No me gustan las aceitunas.	I don't like olives.
Prefiero patatas fritas.	I prefer chips.
Me encantan las ostras.	I love oysters.
¿Qué te/le apetece?	What do you fancy?
Me apetece una cerveza fría.	I fancy a cold beer.
Me trae la cuenta, por favor.	Could you bring me the bill, please.
Yo invito.	I'll pay.
¿Puede darme un recibo, por favor?	Can I have a receipt, please?
Hay una equivocación en la cuenta.	There's a mistake in the bill.
¿Está incluido el servicio?	Does that include service?
¿Aceptan tarjetas de crédito?	Do you accept credit cards?
Quisiera la cuenta en nombre de mi empresa.	I'd like the bill made out to my company.

BACKGROUND NOTES

Bars

Many Spanish bars not only serve a wide range of alcoholic drinks and hot beverages, but also a wide selection of savoury snacks, known as *tapas*. These are often laid out on the bar, so you can easily choose what you like without necessarily knowing the name of everything. A price list will also be visible somewhere in the bar. The *tapas* on offer will vary from region to region, with each having its own particular specialities, but you will normally find the following on offer in most bars:

Aceitunas	Olives
Boquerones	Fresh anchovies
Calamares	Squid
Chorizo	Spicy sausage
Empanadilla	Small fish/meat pasty
Ensaladilla (rusa)	Russian salad
Jamón serrano	Cured ham
Mejillones	Mussels
Patatas bravas	Spicy potatoes
Pimientos	Peppers
Pulpo	Octopus
Tortilla española	Potato omelette

Tapas are normally served in small portions but you can order a more substantial amount by asking for *una ración*. Other snacks on offer may include *bocadillos* (sandwiches in French bread), *sandwiches* (toasted sandwiches) or *pinchos* (small kebabs). *Tapas* are usually found in bars known as *tascas*, *bodegas*, *cervecerías* and *tabernas*. For Spaniards, *pubs* are modern, stylish bars, usually with music. Sometimes admission is limited to members only. Bars are usually open all day, with many Spaniards dropping into their local for coffee and pastries at breakfast time. The usual toast when drinking is ¡*Salud!* (literally, 'Health!').

Restaurants

As with *tapas*, dishes on offer will vary from region to region. Leaflets available from the Spanish Tourist Board will give you an idea about the specialities to look out for. The grading system for Spanish restaurants is forks rather than stars, as you will have seen on the menu reproduced at the start of this unit. Some restaurants specialize in shellfish (*marisquerías*) or charcoal-grilled or barbecued dishes (*parrilladas*). It is normal to leave a small tip; 10–15% of the bill is sufficient. Spaniards generally eat later than the British. Lunchtime opening is from 13.00 till 16.00 and dinner is served from 20.00 until midnight. You will find that Spaniards tend to dress more formally after 19.00 in the evening. Although in the dialogue Señorita Campos found something to eat which did not contain meat, those who do not eat meat tend to have a lean time in Spain, since even in large cities there are very few vegetarian restaurants. It is normal to wish a fellow diner or guest *Bon appetit* before beginning the meal, using the expression *¡Qué te/le aproveche!* (literally, 'May it do you good').

KEY

EXERCISE 4.1

1 Either *salpicón de mariscos* or *cocktail de gambas*.
2 *Caldo gallego*.
3 Either *huevos revueltos* (scrambled) *con espárragos* (asparagus) or *huevos fritos con jamón*.
4 *Guisantes* (peas) *con jamón*.
5 *Calamares salteados* (sautéed) *provenzal*.
6 *Chuletitas de cordero al ajillo*.
7 *Cestillo* (basket) *de frutas del tiempo*.

EXERCISE 4.2

1 ¿Te gusta/Le gusta el vino español?
d Sí, preferentemente un buen Rioja.
2 ¿Te gustan/Le gustan los mariscos?
e Sí, sobre todo las gambas.
3 ¿Te gusta/Le gusta el pollo asado?
a No, porque soy vegetariana.
4 ¿Te gusta/Le gusta trabajar el fin de semana?

f   No, pero a veces es necesario para terminar un proyecto a tiempo.
5   ¿Te gusta/Le gusta escribir informes?
c   No, pero con mi nuevo ordenador, es mucho más rápido.
6   ¿Te gusta/Le gusta aprender español?
b   Sí, y además es imprescindible para mi trabajo.

EXERCISE 4.3

1   piensa
2   preferimos
3   entiendes
4   recomienda
5   empieza
6   prefieren
7   cierro
8   invierten

EXERCISE 4.4

1   quinientos coches
2   novecientas treinta libras
3   cien compañías
4   ciento cuatro hoteles
5   trescientos sesenta y cinco días
6   novecientos ochenta y dos clientes
7   setecientas quince páginas
8   mil kilómetros

EXERCISE 4.5

a   desean
b   mineral
c   café
d   grande
e   pequeña
f   tomar
g   hay

h   bocadillos; jamón
i   déme
j   quiere
k   quiero

VOCABULARY EXTRA

1   pollo   The rest are types of fish.
2   pera   The rest are vegetables.
3   queso   The rest are words related to meat.
4   alcachofa   The rest are seafood.
5   huevos revueltos   The rest are desserts.
6   cerveza   The rest are flavours of ice cream.

CHALLENGE

1   They offer a specialized service, cooking and delivering tortillas ordered by telephone to homes or offices.
2   With potato, ham, peas, peppers, tuna, onion, cheese, prawn and mushroom.
3   Prices vary between 750 and 985 pesetas.
4   To deliver within half an hour (except Saturday evening).
5   Monday–Friday 12.00–15.00 y 20.00–24.00, the weekend 12.00–16.00 y 20.00–02.00.

Unit Five

The company

SETTING THE SCENE

In this unit, we look at companies and their employees. You will find out how to talk about your company profile and how to describe your duties and responsibilities at work. An organigram of a Spanish company is also included here to provide you with more vocabulary. In the Background Notes we examine the different types of business enterprises which exist in Spain.

DIÁLOGO UNO

Paco Morales sale de la sala de conferencias y se dirige al comedor. Una vez allí, se acerca a una mujer que toma café.

Paco	Hola, Merche. Nos encontramos otra vez.
Merche	¡Paco! ¡Cuánto tiempo! Has perdido peso, ¿verdad?
Paco	Casi cinco kilos. He estado de régimen y he empezado a jugar al squash. Tengo más tiempo libre en mi nuevo puesto.
Merche	¿Has cambiado de empleo?
Paco	Sí.
Merche	¿Cuál es tu cargo ahora?
Paco	Soy director financiero de RAPIDESA. ¿Has visto nuestro folleto? Aquí está.
Merche	Gracias.
Paco	Y tú, ¿qué haces?
Merche	Tengo un puesto en Diverti. Diseñamos y fabricamos juguetes. Soy jefa de marketing internacional. La compañía ha sido adquirida por una empresa australiana y trata de mejorar su presencia a nivel internacional.
Paco	Y ¿te gusta?
Merche	Sí, mucho. ¿Qué te parece el congreso?

Paco	Creo que hasta ahora ha sido muy informativo e interesante.
Merche	Sí. Los asistentes han tenido la oportunidad de participar en varios tipos de actividades y todo ha sido muy dinámico.
Paco	¿Quieres otro café?
Merche	Sí, y un vaso de agua, por favor.

TRANSLATION

Paco Morales leaves the conference hall and makes his way to the dining-room. Once there, he approaches a woman who is having coffee.

Paco	Hello, Merche. We meet again.
Merche	Paco! It's been ages! You've lost weight, haven't you?
Paco	Almost five kilos. I've been on a diet and I've started to play squash. I've got more time in my new job.
Merche	Have you changed jobs?
Paco	Yes.
Merche	What position do you hold now?
Paco	I'm the director of finance at RAPIDESA. Have you seen our new brochure? Here it is.
Merche	Thanks.
Paco	And what are you doing?
Merche	I've got a job at Diverti. We design and manufacture toys. I'm head of international marketing. The company has been taken over by an Australian firm and it's trying to improve its presence at international level.
Paco	Do you like it?
Merche	Yes, very much. What do you think of the conference?
Paco	So far, I think it's very informative and interesting.
Merche	The participants have had the opportunity to take part in several kinds of activities and everything has been very dynamic.
Paco	Do you want another coffee?
Merche	Yes, and a glass of water please.

GRAMMAR AND LANGUAGE IN CONTEXT

Verbs: The reflexive

Reflexive verbs are conjugated in the same way as other verbs but have an added element: a reflexive pronoun such as *me*, *te* etc.

acercarse (to make one's way)

	singular	*plural*
First person	me acerco	nos acercamos
Second person	te acercas	os acercáis
Third person	se acerca	se acercan

In the infinitive, the reflexive pronoun is tagged on to the end of the verb: *dirigirse*. Sometimes the reflexive pronoun is translated into English as 'oneself', for example *divertirse* (to enjoy oneself). However, this does not apply in all cases: *encontrarse* (to meet).

When the reflexive verb is in the infinitive, the appropriate pronoun is added:

Queremos marcharnos temprano mañana.
We want to leave early tomorrow.

¿No puedes acordarte de su dirección?
Can't you remember his address?

Other common reflexive verbs include:

despertarse	(to wake up)	*ducharse*	(to have a shower)
levantarse	(to get up)	*afeitarse*	(to have a shave)
acostarse	(to go to bed)	*casarse*	(to get married)
sentarse	(to sit down)	*hallarse*	(to be situated)
equivocarse	(to make a mistake)	*sentirse*	(to feel)

Several of these are root-changing verbs: *acostarse* (o→ue), *encontrarse* (o→ue), *acordarse* (o→ue), *sentarse* (e→ie), *sentirse* (e→ie), *divertirse* (e→ie).

EXERCISE 5.1

Paco Morales describes a typical weekday morning:

«Me despierto a las siete y me levanto en seguida para hacer un poco de ejercicio. Después de desayunar, me ducho y me afeito en el cuarto de baño. Luego entro en el dormitorio para vestirme. La empresa se halla en las afueras de la ciudad y prefiero ir allí en tren. Generalmente llego a las ocho y media y me acerco primero al comedor para tomar una taza de café. Diez minutos más tarde, entro en mi despacho, me siento y empiezo a trabajar.»

Now, rewrite the passage, describing Paco's usual routine: *Se despierta a las siete . . ..*

Verbs: The perfect

The perfect is one of the tenses used in Spanish to indicate past actions. Like the English perfect, it is normally used to indicate something that has happened recently. The dialogue contains several examples:

He empezado a jugar al squash.
I've begun to play squash.

Todo ha sido muy dinámico.
Everything has been very dynamic.

The tense is formed by the verb *haber* and the past participle of the main verb in the sentence.

haber + past participle

	-ar	-er	-ir
he	hablado	vendido	vivido
has			
ha			
hemos			
habéis			
han			

Some commonly used verbs have irregular past participles. These are as follows:

abrir	(to open)	abierto
cubrir	(to cover)	cubierto
decir	(to say)	dicho
descubrir	(to discover)	descubierto
devolver	(to return)	devuelto
envolver	(to wrap up)	envuelto
escribir	(to write)	escrito
hacer	(to do, make)	hecho
morir	(to die)	muerto
imponer	(to impose)	impuesto
poner	(to put)	puesto
proponer	(to propose)	propuesto
romper	(to break)	roto
ver	(to see)	visto
volver	(to return)	vuelto

EXERCISE 5.2

Complete the sentences with the correct form of the perfect tense of the verb in brackets. Example: Eduardo *ha comprado* un nuevo ordenador. (comprar)

1   Hasta ahora nosotros _____ diez proyectos internacionales. (realizar)
2   Los visitantes no _____ todas las nuevas instalaciones. (ver)
3   Elena, ¿ _____ el informe para la reunión? (preparar)
4   El primer ministro no _____ todavía. (volver)
5   Los precios _____ mucho en los últimos meses. (subir)
6   ¿ _____ que no podéis asistir a la reunión? (decir)
7   Los clientes _____ bien a la campaña. (responder)
8   Usted _____ nombrada como Directora General, ¿verdad? (ser)
9   _____ a todos los accionistas. (escribir, nosotros)
10 México _____ el acuerdo con los países centroamericanos. (romper)

EXERCISE 5.3

Complete each sentence with the most suitable ending from the list below.

1 Vuestra compañía ha hecho
2 Creo que hemos cometido
3 El Director Financiero ha calculado mal
4 Para lograr una mejor administración, se ha contratado a
5 En Bilbao, han abierto
6 Ha visto los nuevos monitores en
7 Según el jefe, la junta directiva ha propuesto
8 El presupuesto que te han dado

a una empresa consultora de formación.
b reducir la plantilla.
c la sala de ordenadores.
d los gastos.
e no es suficiente.
f un error muy grave.
g un nuevo centro comercial.
h la mejor oferta.

Verbs: Root-changing verbs u → ue

There is, in fact, only one verb which falls into this category: *jugar* (to play).

	singular	*plural*
First person	juego	jugamos
Second person	juegas	jugáis
Third person	juega	juegan

e

In the dialogue, Paco says that the conference has been *informativo e interesante*. This is because when the conjunction *y* (and) is used before a word beginning with the letters *i* or *hi*, it becomes *e*.

> *Francia e Irlanda juegan en el partido hoy.*
> France and Ireland play in the game today.

Fernando Salgado e Hijos.
Fernando Salgado and Sons.

RAPIDESA sigue como el número uno.

«Fundada en la capital española en 1972 por dos hermanos, Juan y Alberto Carrera, RAPIDESA es hoy el líder europeo, en el sector del transporte urgente de documentos y paquetes. Nuestras oficinas centrales están en Barcelona pero hemos abierto además una serie de oficinas en todas las capitales y principales ciudades de los países de la CE. Nuestro gran centro de distribucíon en Bruselas funciona las veinticuatro horas del día, incluso festivos.

Nuestra red de distribución también incluye delegaciones en los países escandinavos, Austria, Suiza y hace poco, hemos inaugurado oficinas en ciertas zonas de la ex-Unión Soviética. Actualmente contamos con una plantilla de cinco mil trabajadores, cinco aviones y casi dos mil vehículos.

Nuestros clientes están distribuídos por toda Europa y realizamos unos quince millones de envíos anuales. En 1990, la facturación de RAPIDESA fue de diez mil millones de pesetas y hemos mantenido un ritmo de crecimiento anual del 15 por ciento. Nuestra participación en el segmento de mercado en el que operamos supone un cuarenta y cinco por ciento.»

RAPIDESA continues as the number one.

"Founded in the Spanish capital in 1972 by two brothers, Juan and Alberto Carrera, today RAPIDESA is the European leader in the sector of express delivery of documents and packages. Our central offices are in Barcelona but we have also opened a series of offices in all the capitals and main cities of the EC countries. Our large distribution centre in Brussels runs for twenty-four hours a day, even during holidays.

Our distribution network also includes branches in the Scandinavian countries, Austria, Switzerland, and a short time ago we opened offices for the first time in certain regions of the former Soviet Union. Currently we have five thousand staff, five aeroplanes and nearly two thousand vehicles.

Our clients are spread throughout Europe and we carry out fifteen million deliveries every year. In 1990, RAPIDESA's turnover was ten thousand million pesetas and we have maintained an annual growth rate of 15%. Our market share of the sector in which we operate is 45%."

GRAMMAR AND LANGUAGE IN CONTEXT

Verbs: Root-changing verbs e → i

seguir (to continue)

	singular	*plural*
First person	sigo	seguimos
Second person	sigues	seguís
Third person	sigue	siguen

Other verbs following a similar pattern include:

medir   to measure   *pedir*   to ask for

Incluir

A number of verbs like *incluir* (to include) which end in *-uir* are conjugated in the following way in the present indicative:

	singular	*plural*
First person	incluyo	incluimos
Second person	incluyes	incluís
Third person	incluye	incluyen

Other verbs which follow the same pattern include *construir* (to build), *destruir* (to destroy), *distribuir* (to distribute) and *sustituir* (to substitute).

Numbers 1,000–1,000,000

1.000	mil
1.562 libras	mil quinientas sesenta y dos libras
5.000	cinco mil
5.003	cinco mil tres
10.847 sobres	diez mil ochocientos cuarenta y siete sobres
100.000	cien mil
1.000.000	un millón

Notice that *millón* is followed by *de* when it precedes nouns: *un millón de libras* (a million pounds).

Percentages

Remember that in Spanish when expressing percentages the article is normally used:

75%	el setenta y cinco por ciento
15.8%	el quince coma ocho por ciento
27.92%	el veintisiete coma noventa y dos
100%	el cien por ciento

EXERCISE 5.4

Here are a number of statements, all of which contain a figure. How would you say these in Spanish?

1   Nuestras ganancias han subido a 20.000.000 de pesetas.
2   La cifra es de alrededor del 42 por ciento.
3   El aumento es de poco más del 37,2 por ciento
4   Hemos enviado unos 100.000 folletos.
5   Las ventas han aumentado en un 25% por ciento.
6   Hemos reducido nuestros gastos en 750.000 libras.
7   La penetración en el mercado ha llegado al 15 por ciento.

Time: The year

1993 mil novecientos noventa y tres
1850 mil ochocientos cincuenta
2000 dos mil

EXERCISE 5.5

Match the dates below with the correct events. Practise reading the dates out loud.

a   Celebración de la Expo en Sevilla
b   Fin de la segunda Guerra Mundial

c   Muerte de Franco
d   Asesinato de J.F. Kennedy
e   Entrada de España en la CE
f   Subida al trono de la Reina Isabel II de Inglaterra
g   Comienzo de la Guerra Civil española

1936   1963   1975   1953   1945   1986   1992

CHALLENGE

Eduardo Robles introduces the members of his management team and explains what their duties and responsibilities are within the OPTIMAX company:

Me llamo Eduardo Robles. Soy el Director General. Planifico la estrategia a largo plazo y los objectivos de OPTIMAX. Dirijo los recursos humanos, materiales y económicos, tomando las medidas necesarias en cada caso.

Isabel Molinero es nuestra Directora Financiera. Organiza las actividades de carácter financiero y contable, planificando las estrategias a seguir. Supervisa la contabilidad, el control de la gestión y la tesorería.

El Director Comercial se llama Manuel López Sempere. Es el responsable de coordinar las áreas de marketing, ventas, distribución, promoción, publicidad y exportaciones. Además diseña los planes comerciales y suele participar en la negociación de contratos.

Como Director de Aprovisionamientos, Alfredo Rodríguez negocia los grandes contratos con los proveedores de materias primas. Supervisa las existencias y realiza el seguimiento puntual de los pedidos y del cumplimiento de los plazos de entrega.

Finalmente, nuestra Directora de Comunicación, Mercedes Mateos de la Torre, cuida la imagen externa de la empresa y elabora la política de relaciones públicas.

An English colleague who finds it difficult to follow the introductions asks you to recap on some of the information:

1   Who decides the company's policy on public relations?
2   Who has responsibility for stock control?
3   Who is in charge of accounting?
4   Who plans the company's long-term strategy?
5   Who draws up the business plans?

6   Who negotiates contracts with the suppliers of raw materials?
7   Who is responsible for coordinating sales and publicity?

USEFUL VOCABULARY AND EXPRESSIONS

The company and its employees

La compañía fue fundada por . . . en . . .	The company was founded by . . . in . . .
Nuestros competidores principales son . . .	Our chief competitors are . . .
Somos la compañía líder en este sector.	We are the leading company in this sector.
Ocupamos el sexto puesto en el ranking mundial.	We occupy sixth place in the world rankings.
Es una filial de . . .	It's a subsidiary of . . .
Es una sucursal de . . .	It's a branch of . . .
La casa matriz/sede está en . . .	The headquarters are in . . .
La compañía se dedica a . . .	The company is involved in . . .
La plantilla está integrada por x empleados.	The workforce is made up of x employees.
Estoy a cargo de . . .	I'm responsible for . . .
Soy el jefe/jefa de . . .	I'm the head of . . .
Soy el/la ayudante/asistente de	I'm the assistant to . . .
Trabajo en el departamento/la sección de . . .	I work in the department of . . .
Mi trabajo consiste en . . .	My job is to . . .
Dependo del director de . . .	I report to the director . . .
El equipo es supervisado por . . .	The team is supervised by . . .

BACKGROUND NOTES

Types of company

With the exception of sole traders (*comerciantes*), all types of businesses are legally obliged to be registered in the Mercantile Register (*Registro Mercantil*) of the provincial capital in which the company's head office is located. These details are available for public scrutiny.

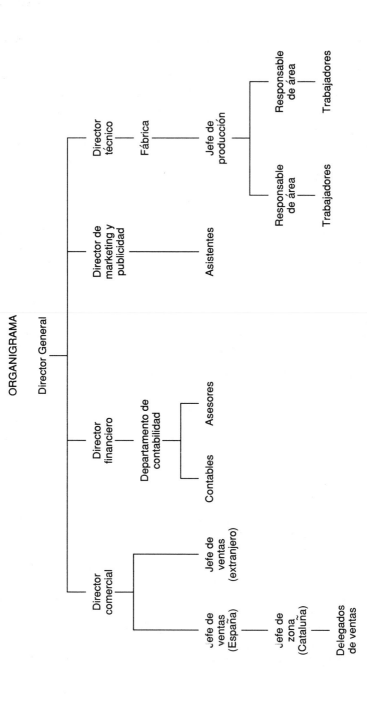

ORGANIGRAMA

Director General

Director comercial

Jefe de ventas (España)

Jefe de ventas (extranjero)

Jefe de zona (Cataluña)

Delegados de ventas

Director financiero

Departamento de contabilidad

Contables

Asesores

Director de marketing y publicidad

Asistentes

Director técnico

Fábrica

Jefe de producción

Responsable de área

Trabajadores

Responsable de área

Trabajadores

The same legal requirement also applies to any foreign companies setting up in Spain.

The principal types of company are as follows:

Sociedad Anónima (SA) – private limited company (PLC)
These can be both public and private sector companies, with sizes ranging from family businesses (with a minimum capital of 3 million pesetas) to large companies quoted on the Stock Exchange. Any company with capital in excess of 50 million pesetas must register as a *Sociedad Anónima*.

Sociedad de Responsabilidad Limitada/Sociedad Limitada (SRL/SL) – limited company (Ltd.)
Many firms in the retail and service sector fall into this category and there is no minimum capital requirement. If the company is quoted on the Stock Exchange, the transfer of shares is subject to legal restrictions.

Sociedad colectiva – partnership
Two types of partnerships exist, although this type of company is not common in Spain: the *sociedad colectiva* (general partnership) with unlimited liability; and the *sociedad en comandita/comanditaria* (limited or silent partnership) entailing a minimum of two partners.

Sociedad cooperativa (co-operative society)
A separate register exists for co-operatives (*Registro de Cooperativas*) and their development is encouraged in the Spanish Constitution. Many co-operatives have been established in recent times by the *Ministerio de Agricultura* in rural communities where individual plots of land are so small as to be unprofitable.

Information on Spanish companies

DICODI is a business directory containing details of over 30,000 companies listed in alphabetical order. It also gives details of addresses, telephone numbers, business sector, directors and board members, volume of sales and size of workforce. The directory is also available as a CD-ROM database which is updated annually.

CAMERDATA is another computerized database created by the Spanish Chamber of Commerce and ICEX, which provides details of over 2,000,000 Spanish firms and is constantly updated. Further information can be obtained by writing to CAMERDATA, Alfonso XI, 3, 28014 Madrid, Tel. 010 34 1 521 29 83 or Fax 010 34 1 521 44 09.

KEY

EXERCISE 5.1

Se despierta a las siete y se levanta en seguida para hacer un poco de ejercicio. Después de desayunar, se ducha y se afeita en el cuarto de baño. Luego entra en el dormitorio para vestirse. La empresa se halla en las afueras de la ciudad y prefiere ir allí en tren. Generalmente llega a las ocho y media y se acerca primero al comedor para tomar una taza de café. Diez minutos más tarde, entra en su despacho, se sienta y empieza a trabajar.

EXERCISE 5.2

1 hemos realizado
2 han visto
3 has preparado
4 ha vuelto
5 han subido
6 habéis dicho
7 han respondido
8 ha sido
9 hemos escrito
10 ha roto

EXERCISE 5.3

1 h
2 f
3 d
4 a
5 g
6 c
7 b
8 e

EXERCISE 5.4

1 Nuestras ganancias han subido a veinte millones de pesetas.
2 La cifra es de alrededor del cuarenta y dos por ciento.
3 El aumento es de poco más del treinta y siete coma dos por ciento.
4 Hemos enviado unos cien mil folletos.
5 Las ventas han aumentado en un veinticinco por ciento.
6 Hemos reducido nuestros gastos en setecientas cincuenta mil libras.
7 La penetración en el mercado ha llegado al quince por ciento.

EXERCISE 5.5

a 1992
b 1945
c 1975
d 1963
e 1986
f 1953
g 1936

CHALLENGE

1 Mercedes Mateos de la Torre (Director of Communications)
2 Alfredo Rodríguez (Director of Supplies)
3 Isabel Molinero (Director of Finance)
4 Eduardo Robles (Managing Director)
5 Manuel López Sempere (Business Director)
6 Alfredo Rodríguez
7 Manuel López Sempere

Unit Six

Employment (I)

SETTING THE SCENE

This, the first of two units on the topic of employment, begins with an example of the kind of job advertisements you would be likely to see in the Spanish press or in more specialized economics and management magazines. We also include an exercise using a sample letter of application which you could adapt for your own use. A CV follows in Unit Seven.

ENTIDAD FINANCIERA INTERNACIONAL DESEA INCORPORAR

UN JEFE DE PERSONAL

FUNCIONES:
- Responsabilidad para las relaciones laborales y los asuntos jurídico-laborales de la empresa
- Coodinación de más de 1.000 empleados
- Debe ofrecer apoyo al Director General de Recursos Humanos

SE REQUIERE:
- Edad 30–38 años
- Amplia experiencia en todos los aspectos de dirección de personal
- Licenciatura en Derecho
- Experiencia directa en gestión de asuntos jurídico-laborales, negociación colectiva, relaciones con sindicatos así como reestructuración de empresas
- Capacidad de diálogo y habilidad para hallar soluciones

SE OFRECE:
- Remuneración muy competitiva
- Seguro de vida y accidentes
- Vehículo de la empresa
- Gran oportunidad de desarrollo profesional en una empresa de vanguardia
- Oficinas céntricas en Madrid

Se ruega a los candidatos interesados envíen curriculum vitae manuscrito y fotografía reciente al apartado de Correos N° 37.203 de Madird 2808, indicando en el sobre la Ref. 2490.

EXERCISE 6.1

Read through the advertisement and decide whether the following statements are true or false.

1 The company works in the financial sector.
2 A degree in Business Studies is required.
3 Candidates need to have experience of working with financial syndicates.
4 Problem-solving skills are also needed.
5 The firm offers health insurance.
6 The successful applicant will receive a company car.
7 Applicants must supply a word-processed CV and recent photograph.

DIÁLOGO UNO

Rodolfo y Cristina están preparando las entrevistas que van a tener lugar la mañana siguiente.

Cristina	¿Todo está listo para mañana?
Rodolfo	Casi. Pilar está hablando con los candidatos por teléfono para confirmar su asistencia mañana y mi secretaria está haciendo la microedición del contrato.
Cristina	Muy bien. ¿Has terminado el informe sobre los candidatos?
Rodolfo	Estoy repasando los detalles ahora.
Cristina	Muy bien. Lo necesito para la reunión. ¿A qué hora vas a terminarlo?
Rodolfo	Puedes pasar por la oficina a las dos para recogerlo.
Cristina	Vale. Ahora voy a hablar con Teresa. Está haciendo las fotocopias de la documentación para mañana y dice que no han salido muy bien pero seguramente no es nada grave. Vuelvo pronto.
Rodolfo	De acuerdo. Hasta luego.
Cristina	Hasta luego.

TRANSLATION

Rodolfo and Cristina are preparing for the interviews which are going to take place the following morning.

Cristina	Is everything ready for tomorrow?
Rodolfo	Almost. Pilar is on the telephone, talking to the candidates to confirm that they will be attending and my secretary is desktop-publishing the contract.
Cristina	Very good. Have you finished the report on the candidates?
Rodolfo	I'm checking the details now.
Cristina	Very good. I need it for the meeting. When are you going to finish it?
Rodolfo	You can call by the office to pick it up at two.
Cristina	Fine. Now I'm going to speak to Teresa. She's making photocopies of the papers for tomorrow and she says they haven't turned out very well but I'm sure it's nothing serious. I'll be back soon.
Rodolfo	All right. See you later.
Cristina	See you later.

GRAMMAR AND LANGUAGE IN CONTEXT

Time: ¿A qué hora . . . ?

¿A qué hora cierra el banco hoy?
At what time does the bank close today?

A las dos y media
At half past two.

a la una	a las diez y cuarto	a las cinco y media	a las ocho menos cuarto	a las dos y veinte

Verbs: The immediate future

In this dialogue, we see one of the ways of talking about future events in Spanish:

Van a tener lugar mañana.
They are going to take place tomorrow.

Voy a hablar con Teresa.
I'm going to talk to Teresa.

The verb *ir* plus *a* and an infinitive is normally used when referring to future events which are likely to take place in the not too distant future.

EXERCISE 6.2

Example: ¿A qué hora vas a coger el tren para Sevilla? (2.30)
          Voy a coger el tren para Sevilla a las dos y media.

1   ¿A qué hora vamos a comprar los billetes? (1.30)
2   ¿A qué hora vas a cenar? (9.15)
3   ¿A qué hora van ustedes a acostarse? (11.45)
4   ¿A qué hora va a llegar Roberto? (3.55)
5   ¿A qué hora vais a levantaros? (7.10)
6   ¿A qué hora va a tener lugar la presentación? (10.00)

Verbs: The present continuous

The present continuous e.g. *estoy escribiendo* (I am writing), *estoy escuchando* (I am listening) etc., is used in Spanish to emphasize the fact that the action is going on at this very moment. The present continuous is formed by using the verb *estar*, followed by the gerund. Only the verb *estar* varies.

estar + present participle

-ar verbs	-er verbs	-ir verbs
(stem + *ando*)	(stem + *iendo*)	
confirmando	haciendo	escribiendo
repasando	recogiendo	subiendo

There are a number of exceptions to this general rule and you may find it useful to note the following:

construir – construyendo	*corregir* – corrigiendo
dormir – durmiendo	*leer* – leyendo
pedir – pidiendo	*seguir* – siguiendo

If you come across any others, add them to your list.

EXERCISE 6.3

Translate the following sentences.

1   What are they building on the outskirts of the city?
2   What are you correcting, Pilar?
3   Who is translating the letter for the Head of Personnel?
4   What is Mrs Castillo reading?
5   How many photocopies are you making?
6   What is Ricardo signing?
7   Who are you waiting for? (ustedes)
8   What are you eating? (vosotros)

Now match these questions to the most likely answer.

a   Es su nuevo contrato. A pesar de todo, quiere continuar aquí.
b   Merluza en salsa verde. Es una especialidad de la región.
c   Cada persona necesita dos documentos. Entonces, son cincuenta hojas.
d   Es el informe para Roberto. Contiene un montón de errores.
e   La secretaria. Puede entender italiano sin problemas.
f   Es un boletín sobre la nueva campaña publicitaria.
g   A Marta Romero. Llega en el próximo tren.
h   Es otro supermercado – y ya tenemos tres en el centro.

Pronouns

	singular	*plural*
Masculine	*lo*	*los*
Feminine	*la*	*las*
	it	them

A pronoun is used to replace a noun, as in these examples from the dialogue:

Lo necesito para la reunión.
I need it for the meeting.

¿A qué hora vas a terminarlo?
When are you going to finish it?

Note the position in which the pronoun is placed in each of these sentences.

EXERCISE 6.4

Replace the noun in bold type in the sentences below with the appropriate pronoun and then rewrite the sentences, making any necessary changes.

1 Necesito **los folletos** para el lunes.
2 La señora Rosales quiere ver **las fotos** inmediatamente.
3 El estudiante escucha **la cinta**.
4 Los turistas piensan alquilar **el coche**.
5 Venden **el producto** a un precio asequible.
6 La compañía manda **los paquetes** por correos.

EXERCISE 6.5

Here is one of the photocopies which Teresa was making: a letter of application. However, many of the words and phrases have not been reproduced clearly. Reconstruct the letter, filling in the blanks with the words and phrases given below:

Barcelona, 3 de junio de 1994

ABC Anuncios
Balmes, 18
08007 Barcelona

Muy señores míos:

He leído .... su anuncio en .... El País de fecha 30
de mayo para el puesto de .... en su empresa.
Dado que cuento con el título de .... y que cumplo con los
.... que Vds. exigen, les adjunto mi .... para
su consideración. También incluyo ....
Tendré .... en proporcionarles información más detallada
sobre mis .... si Vds. lo consideran necesario.
En espera de sus .... les saludo muy ....

Antonia Pastor Torrents

actividades profesionales	otros requisitos	con mucho interés
Licenciada en Económicas	gratas noticias	mucho gusto
una fotografía reciente	historial profesional	atentamente
responsable administrativo	el periódico	

CHALLENGE

Cristina is president of the *Asociación de Mujeres Empresariales* and is giving a lecture on women in the world of work, as part of a conference organized by the Instituto de la Mujer.

«Las mujeres representan actualmente el 22 por ciento del empresariado español. Se encuentran sobre todo en las empresas públicas, principalmente en el sector de los servicios. Las ejecutivas jóvenes tienen buena preparación y experiencia laboral y muchas compatibilizan obligaciones profesionales y familiares. Algunas han tenido que sufrir además el rechazo de maridos que han aceptado muy mal el éxito profesional de sus parejas. Pero, a pesar de todo, algunas han conseguido puestos de máxima responsabilidad, más allá del llamado «techo de cristal».

Según un informe reciente de la OCDE, la incorporación masiva de la mujer al mundo del trabajo podría cambiar el sistema laboral para todos porque las ejecutivas aportarían a las empresas una nueva visión más creativa. Quizás ese sería el caso. Las investigaciones realizadas en este campo demuestran que sí existen diferencias entre la mujer y el hombre a la hora de dirigir. La jefa suele ser más comprensiva, abierta, inteligente y eficaz. Además en la mayoría de los casos, las ejecutivas se muestran más seguras. Sin embargo, el principal defecto de las dirigentes femeninas suele ser su falta de ambición. Por varias razones, el hombre es más arriesgado desde el principio.»

After the talk, a student researching the role of women in management asked Cristina if she could clarify a few of the points she had made, since she had been sitting near a door and had been disturbed by several late arrivals. Cristina agreed. How would she have responded to the following questions?

1   ¿Ha dicho usted que las ejecutivas forman casi una cuarta del empresariado en España?
2   ¿Las mujeres suelen trabajar en el sector privado o en el sector público?
3   Usted ha dicho que a pesar de varios problemas laborales, unas ejecutivas han conseguido puestos de alta responsibilidad, ¿no?
4   En su opinión, a la hora de dirigir, ¿los hombres suelen ser menos o más eficaces que las mujeres?
5   Usted ha afirmado que las ejecutivas demuestran más interés en la seguridad que sus colegas masculinos, ¿verdad?

USEFUL VOCABULARY AND EXPRESSIONS

Job advertisements

Se requiere . . .	We require . . .
edad óptima	ideal age
titulación superior	higher degree
Es imprescindible tener	It is vital to have
conocimientos de . . .	knowledge of . . .
amplia experiencia en	wide experience in
dotes de comunicación	ability to communicate
dominio del inglés	good command of English
un nivel operativo del francés	a working knowledge of French
usuario de PC	PC user

habituado a trabajar con soporte informático	used to working with information technology
carnet de conducir	driving licence
disponibilidad para viajes	willingness to travel
buena presencia	smart appearance
vehículo propio	own vehicle
Se ofrece . . .	We offer . . .
agradable ambiente/entorno de trabajo	pleasant working environment
incorporación inmediata	immediate start
horario de . . . a . . .	working hours from . . . to . . .
retribución a convenir	salary negotiable
remuneración según experiencia y valía aportada	salary according to experience and qualifications
4 M brutas/anuales	4,000,000 ptas gross per annum
formación profesional a cargo de la empresa	professional development at the company's cost
excelentes expectativas de promoción	excellent promotion prospects
coche de empresa	company car
ventajas sociales (incluye seguro médico y pagas extraordinarias)	company benefits (includes medical insurance and bonuses)
dietas	expenses
kilometrajes	travelling expenses
remitir el historial manuscrito/	send a handwritten CV/
foto carnet	passport photograph
expediente académico	record of academic performance
citar la ref. 567	quote reference 567

BACKGROUND NOTES

Women at work

For further information about women in the workforce or legislation relating to Equal Opportunities, contact Instituto de la Mujer, Almagro 36, 28010 Madrid Tel. 010 34 1 91 347 79 08.

The Spanish workforce

Traditionally, Spaniards from the country's poorer regions, like Andalucia, Extremadura and Galicia, have left home in search of work. Even now, many still go to France in autumn to help out with the grape-picking in the vineyards, although the process is now increasingly mechanized. Some 20,000 Spaniards a year, mainly from Galicia, continue to find work in Swiss hotels and the construction business. In the sixties and early seventies, hundreds of thousands of Spanish workers emigrated to other European countries where labour was needed and many now seem to have settled there permanently.

In 1992, the year which was popularly known as Spain's 'magic year' (*año mágico*), Eurostat data showed that Spain had the highest unemployment rate of any of the EC member states, with 20.1 per cent. The same statistics showed that Spain continues to suffer from two other major problems: a thriving black economy and high rates of seasonal unemployment, the latter an indication of the important role which tourism still plays in the Spanish economy.

The National Institute of Statistics *(Instituto Nacional de Estadística* or INE) publishes its Survey of Working Population or *Encuesta de Población Activa* (EPA) every three months. This provides detailed data on the numbers of Spaniards in work and unemployed, with analysis by sector, age, sex and autonomous community.

Education

In the academic year 1975–76, there were some 8 million Spaniards in the education system. Just over a decade later, this figure had risen to 9.6 million, an expansion in numbers which has not been matched by a corresponding growth in resources. The university sector, in particular, has undergone an explosion in numbers.

The *Ley Orgánica de Ordenación General del Sistema Educativo* or LOGSE, which brought important changes to the education system, was passed in 1990. LOGSE extends compulsory secondary education by two years, raising the school-leaving age to 16, when successful pupils will receive a certificate: Graduado en Educación Secundaria. Qualified students may then choose either to study for the Bachillerato or to follow a course of vocational training leading to a certificate of Formación Profesional específica de grado medio (roughly equivalent to the BTEC First Diploma). Under the old system, students studied for the Bachillerato Unificado Polivalente (BUP) between the ages of 14 and 17 and then followed a pre-university course Curso de Orientación Universitaria (COU).

Legislation passed in 1991 which allowed for the founding of more private universities may bring further changes to the system. Several new universities are planned and will be funded in some instances by industrial backers. Currently the few private universities which exist are linked to the Catholic Church or related organizations such as Opus Dei or the Jesuits.

KEY

EXERCISE 6.1

1 True.
2 False.
3 False.
4 True.
5 False.
6 True.
7 False.

EXERCISE 6.2

1 Vamos a comprar los billetes a la una y media.
2 Voy a cenar a las nueve y cuarto.
3 Vamos a acostarnos a las doce menos cuarto.
4 Roberto va a llegar a las cuatro menos cinco.
5 Vamos a levantarnos a las siete y diez.
6 La presentación va a tener lugar a las diez.

EXERCISE 6.3

1 ¿Qué están construyendo en las afueras de la ciudad? h
2 ¿Qué estás corrigiendo, Pilar? d

3   ¿Quién está traduciendo la carta para el jefe de personal? e
4   ¿Qué está leyendo la señora Castillo? f
5   ¿Cuántas fotocopias estás haciendo? c
6   ¿Qué está firmando Ricardo? a
7   ¿A quién están esperando ustedes? g
8   ¿Qué estáis comiendo? b

EXERCISE 6.4

1   Los necesito para el lunes.
2   La señora Rosales quiere verlas inmediatamente.
3   El estudiante la escucha.
4   Los turistas piensan alquilarlo.
5   Lo venden a un precio asequible.
6   La compañía los manda por correos.

EXERCISE 6.5

He leído *con mucho interés* su anuncio en *el periódico* El País de fecha 30 de mayo para el puesto de *responsable administrativo* en su empresa.

Dado que cuento con el título de *Licenciada en Económicas* y que cumplo con los *otros requisitos* que Vds. exigen, les adjunto mi *historial profesional* para su consideración. También incluyo *una fotografía reciente*.

Tendré *mucho gusto* en proporcionarles información más detallada sobre mis *actividades profesionales* si Vds. lo consideran necesario.

En espera de sus *gratas noticias* les saludo muy *atentamente*.

CHALLENGE

1   Sí.
2   Las mujeres suelen trabajar en el sector público.
3   No. He dicho que a pesar de varios problemas personales, algunas ejecutivas han conseguido puestos de alta responsabilidad.

4   Los hombres suelen ser menos eficaces.
5   No. He afirmado que las ejecutivas se muestran más seguras que sus colegas masculinos.

Unit Seven

Employment (II)

SETTING THE SCENE

Continuing with the theme of employment, the unit opens with an example of a CV which you could adapt for your own purposes. We also eavesdrop on a job interview and find out how to talk about past events using the preterite tense.

HISTORIAL PROFESIONAL

Nombre: José María   **Apellidos:** Colinas Donoso
Fecha de nacimiento: 4-12-1960   **Estado civil:** Casado
Lugar de nacimiento: Sevilla
Dirección: Calle Torre la Vieja 42, 2°, izda., 08023 Madrid
Teléfono particular: 889 31 39
Cargo actual: Jefe de Exportaciones

Estudios superiores:
1979–1984   Licenciatura en Económicas, Facultad de Ciencias Económicas, Universidad Complutense, Madrid
1985–1986   MBA, Facultad de Estudios Empresariales, Universidad de Yale, EE.UU.
Idiomas: Inglés y alemán.

Formación Professional:
1986–1988   Vendedor – Plastiflex, Valladolid
1988–   Jefe de Exportaciones – Multipac Internacional SA, Madrid
Otras informaciones
Servicio militar en Ceuta (1984–1985)
Recibí una beca de la Fundación Herralde para financiar mis estudios en los Estados Unidos.
En 1987, en la Cámara de Comercio de Valladolid me nombraron Vendedor del Año.

Mis pasatiempos incluyen: la natación, el esquí, el golf, el cine y el teatro.

EXERCISE 7.1

True or false? Correct any statements which are inaccurate.

1   El señor Colinas ha trabajado en los Estados Unidos.
2   Entre otras cosas, le gusta nadar en sus ratos libres.
3   Actualmente trabaja y vive en la capital catalana.
4   Habla dos lenguas extranjeras.
5   No es soltero.
6   Es madrileño.

EXERCISE 7.2

José María Colinas gave the following replies to a series of questions which the Head of Personnel asked him. Can you guess what the questions might have been?

1   José María Colinas Donoso.
2   Sí, con una hija.
3   De Sevilla.
4   889 31 39
5   Soy Jefe de Exportaciones.
6   Sí, y además un poco de alemán.

DIÁLOGO UNO

José María Colinas tiene una entrevista con el director de Poliplásticos, una empresa que fabrica todo tipo de embalaje para la industria alimentaria. Ha solicitado el puesto de Jefe de Exportaciones.

Director: Como ya he dicho, señor Colinas, queremos ampliar nuestra red comercial, estableciendo nuevos contactos en Gran Bretaña. ¿Tiene experiencia en el mercado británico?

Señor Colinas:	Sí. En Multipac, exportamos a Gran Bretaña e Irlanda. Además, hablo y entiendo inglés sin problemas. Pasé parte de mi niñez en Londres porque mis padres emigraron allí en 1961 y vivimos en la capital durante casi cinco años. También, pasé un año entero estudiando en los Estados Unidos y allí perfeccioné mis conocimientos de la lengua.
Director:	Muy interesante. Estuvo en la Universidad de Yale, ¿verdad?
Señor Colinas:	Eso es. La Fundación Herralde financió mis estudios. Fue un año inolvidable y aprendí mucho.
Director:	Y cuando volvió, ¿consiguió un empleo en seguida?
Señor Colinas:	Dentro de dos meses obtuve un empleo en la Sección de Ventas de Plastiflex y al principio, me gustó mucho. Gané el título de Vendedor del Año en 1987. Pero decidí buscar un puesto en una empresa más grande porque quise trabajar en exportaciones.
Director:	Y ¿cuándo vino a la capital?
Señor Colinas:	Empecé a trabajar en Multipac en 1988, en el mes de julio.

TRANSLATION

José María Colinas has an interview with the director of Poliplásticos, a company which manufactures all kinds of packaging for the food industry. He has applied for the post of Head of Exports.

Director:	As I have already said, Mr Colinas, we want to widen our business network, by establishing new contacts in Great Britain. Do you have experience in the British market?
Mr Colinas:	Yes. In Multipac, we export to Great Britain and Ireland. Furthermore, I speak and understand English without any problems. I spent part of my childhood in London because my parents emigrated there in 1961 and we lived in the capital for almost five years. I also spent a whole year studying in the United States and there I perfected my knowledge of the language.

Director:	Very interesting. You were at Yale University, weren't you?
Mr Colinas:	That's right. The Herralde Foundation financed my studies. It was an unforgettable year and I learnt a great deal.
Director:	And when you returned, did you obtain a job immediately?
Mr. Colinas:	Within two months I obtained a job in the Sales Department at Plastiflex, and at first I liked it very much. I won the title of Salesman of the Year in 1987. But I decided to look for a position in a bigger company because I wanted to work in exports.
Director:	And when did you come to the capital?
Mr Colinas	I started to work at Multipac in 1988, in the month of July.

GRAMMAR AND LANGUAGE IN CONTEXT

Verbs: The preterite

The preterite is another of the tenses used in Spanish to refer to completed actions in the past. In some instances, the perfect and the preterite are interchangeable. However, whenever a specific moment in the past is mentioned like *ayer, el tres de mayo, a las siete*, or *en 1978*, the preterite must be used.

hablar	comer	vivir
hablé	comí	viví
hablaste	comiste	viviste
habló	comió	vivió
hablamos	comimos	vivimos
hablasteis	comisteis	vivisteis
hablaron	comieron	vivieron

Root-changing verbs ending in *-ar* or *-er* do not change in the preterite. However, note the following changes to verbs ending in *-ir*:

preferir	pedir	dormir
preferí	pedí	dormí
preferiste	pediste	dormiste
prefirió	pidió	durmió
preferimos	pedimos	dormimos
preferisteis	pedisteis	dormisteis
prefirieron	pidieron	durmieron

As the dialogue indicates, many of the most commonly used verbs have an irregular preterite form, as shown below:

dar	di, diste, dio, dimos, disteis, dieron
decir	dije, dijiste, dijo, dijimos, dijisteis, dijeron
estar	estuve, estuviste, estuvo, estuvimos, estuvisteis, estuvieron
haber	hube, hubiste, hubo, hubimos, hubisteis, hubieron
hacer	hice, hiciste, hizo, hicimos, hicisteis, hicieron
ir	fui, fuiste, fue, fuimos, fuisteis, fueron
poder	pude, pudiste, pudo, pudimos, pudisteis, pudieron
poner	puse, pusiste, puso, pusimos, pusisteis, pusieron
querer	quise, quisiste, quiso, quisimos, quisisteis, quisieron
saber	supe, supiste, supo, supimos, supisteis, supieron
ser	fui, fuiste, fue, fuimos, fuisteis, fueron
tener	tuve, tuviste, tuvo, tuvimos, tuvisteis, tuvieron
traer	traje, trajiste, trajo, trajimos, trajisteis, trajeron
venir	vine, viniste, vino, vinimos, vinisteis, vinieron

There are also several other irregularities presented by verbs in the preterite which you should note.

Verbs ending in -cir

conducir conduje, condujiste, condujo, condujimos, condujisteis, condujeron

Also: *producir* (to produce), *traducir* (to translate)

Spelling changes in the first person

g → gu	llegar	llegué	Also: pagar, jugar, etc.
c → qu	buscar	busqué	Also: sacar, tocar, etc.
z → c	empezar	empecé	Also: comenzar, etc.

Spelling changes in the third person singular and plural

caer   cayó   cayeron

Also: leer, oír, creer, construir, contribuir, poseer, disminuir, etc.

EXERCISE 7.3

Fill in the blanks with the preterite form of the verb given in brackets.

1   Nosotros _____ (ir) a las Islas Canarias.
2   El año pasado, la compañía _____ (triplicar) su producción.
3   ¿Cuántas unidades _____ (producir) anteayer? (vosotros)
4   Las negociaciones _____ (comenzar) esta mañana en la capital.
5   Yo _____ (apoyar) la decisión de la junta.
6   ¿Ustedes _____ (decidir) aprobar el nuevo presupuesto?
7   ¿_____ (estar) en Granada el verano pasado? (tú)
8   El director _____ (leer) el informe detenidamente.

EXERCISE 7.4

In the week following his appointment, the company newsletter included an article on José María Colinas. Fill in the blanks as they appeared in the original, using the preterite form of the verbs given below.

Ayer José María Colinas _____ (1) nombrado como nuestro nuevo Director de Ventas. El señor Colinas _____ (2) en 1960, en Sevilla. Un año más tarde, _____ (3) con sus padres a Inglaterra. En 1965, los Colinas _____ (4) a España, concretamente a Madrid, y José María _____ (5) a hacer sus estudios primarios en la capital. En 1979, _____ (6) en la Universidad Complutense para estudiar Económicas. Cinco años más tarde, _____ (7) su licenciatura y después de hacer su servicio militar, _____ (8) una beca para ir a los Estados Unidos para estudiar Empresariales en la prestigiosa Universidad de Yale. _____ (9) su primer empleo, como vendedor, al volver a España. Dos años más tarde _____ (10) un puesto como Jefe de Exportaciones en Multipac Internacional. En el mismo año _____ (11). Tiene una hija.

casarse	emigrar	nacer	conseguir
empezar	encontrar	obtener	ganar
ingresar	ser	regresar	

EXERCISE 7.5

A Spanish friend who works as a journalist on a business magazine has asked you to fax her some information about David Black, an English entrepreneur, for an article which she is writing. Translate this entry from *Who's Who in the World of Business* for her.

David Black, b. 3rd January 1950, Manchester.
His father was a teacher. His mother died in 1955.
In 1968, he entered Sheffield University to study Economics but returned to Manchester six months later and decided to work in an Italian restaurant.
In 1970, he bought a factory and began to sell pizzas.
Currently, his company produces all kinds of Italian food.
He likes to play golf and squash.

CHALLENGE

Alberto Campos hosts a radio programme *Al día* which looks at business and economic affairs. His guest this week is the director of a well-known firm of American headhunters (*cazatalentos*), Raúl García, who has been asked to give his opinions on the strengths and weaknesses of Spanish executives.

Sr. Campos	Señor García, se ha dicho que hoy en día los españoles no tienen nada que envidiar a los europeos y que pueden superar con éxito cualquier prueba de comparación. Pero, ¿usted piensa que siguen existiendo algunas diferencias culturales y de mentalidad entre los directivos españoles y los demás?
Sr. García	Sí, sí, claro que sí.
Sr. Campos	Y ¿usted puede decir en qué consisten estas diferencias?
Sr. García	Pues, en mi opinión, los directivos españoles son más imaginativos e intuitivos que lo pueden ser los ale-

	manes, ingleses y franceses. Yo creo que generalmente, los españoles demuestran mayor flexibilidad al enfrentarse a los problemas empresariales. Además, hay que destacar su dedicación, su gran capacidad de trabajo y su creatividad.
Sr. Campos	Y ¿tienen algunas características menos positivas?
Sr. García	Bueno . . . Yo diría que suelen ser algo impacientes. Muchas veces tienen menos disciplina a la hora de analizar problemas y tomar decisiones. Además, a algunos todavía les faltan experiencia internacional y, algo muy importante, dominio de idiomas. En general, los ejecutivos españoles necesitan aprovechar más eficazmente el tiempo.

According to Raúl García, what are the positive and the negative character traits of the typical Spanish executive?

USEFUL VOCABULARY AND EXPRESSIONS

Interviews

¿Cuándo ingresó usted en . . .?	When did you join . . .?
¿Por qué dejó usted su empleo anterior?	Why did you leave your previous job?
Perdí mi empleo.	I lost my job.
Hubo una reestructuración.	There was a reorganization.
Se cerró la filial en . . .	The branch in . . . was closed.
No había posibilidades de avanzar.	There weren't any opportunities for promotion.
Decidí buscar un trabajo con más estímulos.	I decided to look for a more stimulating job.
Me ofrecieron el puesto de . . .	They offered me the post of . . .
Decidí profundizar mis conocimientos de . . .	I decided to increase my knowledge of . . .
¿Qué puede ofrecerle a la empresa?	What can you offer the company?
¿Cómo se describe a sí mismo/a?	How would you describe yourself?

¿Cuáles son sus puntos débiles/
sus características positivas?
Soy flexible. Puedo adaptarme
fácilmente.
Me llevo bien con los demás.
Me gusta tratar con la gente.
Me gusta el trabajo de equipo.
Soy organizado/a y trabajo bien
bajo presión.
Soy muy sistemático/a.
Sé escuchar.
A veces dedico demasiado tiempo
a mi trabajo.
¿Cuánto aspira a ganar?

¿En qué consiste el trabajo?
¿Tendré derecho a otros
beneficios/ventajas sociales?
¿Recibiré pagas extraordinarias/
seguro médico?
¿Habrá posibilidades de viajar?
la remuneración
el horario
¿Cuáles serán mis áreas de
responsabilidad?
¿Tiene un sistema de evaluación?
¿Habrá posibilidades de desarrollo
profesional?

What are your weaknesses/
your strengths?
I'm flexible. I can easily
adapt.
I get on well with others.
I like dealing with people.
I like team work.
I'm organized and I work well
under pressure.
I'm very systematic.
I'm a good listener.
I sometimes work too hard.

How much do you hope to
earn?
What does the job entail?
Will I be entitled to other
perks?
Will I receive bonuses/
medical insurance?
Will I get the chance to travel?
pay
number of hours worked
What will my responsibilities
be?
Do you have appraisal?
Will there be possibilities for
career development?

BACKGROUND NOTES

Servicio militar

Military service, commonly referred to as *la mili*, is still obligatory for
young men in Spain, although recently it has been the topic of much
heated discussion. Changes in recent years have meant that those who
are conscientious objectors (*objectores de conciencia*) for religious or
political reasons are now allowed to do community service (*servicio
social*) although this normally lasts longer than the 12 months served

by those doing military service. Although most young men spend their year stationed close to their home and family, 30%, like José María Colinas, are unlucky and find themselves posted far from home to destinations like Ceuta and Melilla (North Africa) and the Canary Islands.

Pay and perks

A report commissioned by the business magazine *Dinero* in 1993 provided some interesting insights into Spanish attitudes to pay. In the business world generally, the pay executives receive (*la remuneración*) tends to be made up of two components: a fixed amount (*el salario fijo*) plus a variable amount which is performance-related (*la retribución ligada a resultados*). Whereas American and other European executives generally opt for a lower basic salary (*el salario base*) which can be supplemented with high productivity bonuses, Spaniards tend to prefer a fixed salary with other perks (*beneficios*). These may include pensions (*pensiones*), life assurance (*seguro de vida*), company cars, subsidized travel (*viajes subvencionados*) or low-interest loans (*préstamos a bajo tipo de interés*).

Income tax

Income tax in Spain is referred to as *Impuesto General sobre la Rentas de las Personas Físicas* or IRPF, and income tax returns are submitted annually in May and June. In recent years, the Spanish government has begun to clamp down on tax evasion, introducing a series of measures intended to encourage prompt declaration of earnings and diminish fraudulent tax claims. Those making late returns can expect to pay a surcharge of 5% in addition to a fine. Anyone submitting a return which is incorrect will have to pay the amount of income tax due, plus a 50% surcharge. If fraud is suspected, this surcharge can be as high as 300%.

Work legislation

Except in exceptional cases with consent given by the necessary authorities, the minimum age that someone can be contracted is 16, although it is common to find younger workers in the hotel trade and also in agriculture, particularly in family firms. The working week is legally 40 hours, but this is usually subject to agreements (*pactos*) between workers and employers and in many firms less than 40 hours are worked. The legal holiday entitlement is 30 days annually.

State subsidies make up a quarter of the social security (*seguridad social*) costs and the remainder is financed by contributions from employers (*las aportaciones*) and employees (*las cotizaciones*). Spaniards can receive the following benefits:

- A range of pensions, including retirement pension (*pensión de jubilación*), invalidity pension (*pensión de invalidez*). Special allowances are also available for widows (*pensión de viudedad*), orphans (*pensión de orfandad*) and those on a low income, who did not contribute to pension schemes during their working years (*pensión asistencial*).

- INSALUD provides for the healthcare needs of approximately 96% of Spaniards and subsidizes the cost of prescribed medicines for workers, their families and pensioners.

- Benefits are also available to those who are temporarily unable to work (*subsidios de incapacidad transitoria*), as a result of accident, illness or invalidity.

- Unemployment benefits (*prestaciones por desempleo*) can be claimed in cases of dismissal (*despido*) or redundancy (*desempleo*), if social security contributions have been paid for a minimum of six months in the four-year period prior to involuntary job loss. Those choosing to resign from a job are not entitled to financial assistance. The unemployed who fail to meet these requirements can receive benefits known as *ayudas asistenciales* which provide some financial assistance and allow claimants and their families the right to medical attention.

KEY

EXERCISE 7.1

1   False. El señor Colinas ha estudiado en los Estados Unidos.
2   True.
3   False. Actualmente trabaja y vive en la capital española.
4   True.

5   True.
6   False. Es sevillano.

EXERCISE 7.2

1   ¿Cómo se llama usted?
2   ¿Está casado?
3   ¿De dónde es?
4   ¿Cuál es su número de teléfono?
5   ¿Cuál es su cargo actual? ¿Qué hace actualmente?
6   ¿Habla inglés?

EXERCISE 7.3

1   fuimos
2   triplicó
3   produjisteis
4   comenzaron
5   apoyé
6   decidieron
7   estuviste
8   leyó

EXERCISE 7.4

1   fue
2   nació
3   emigró
4   regresaron
5   empezó
6   ingresó
7   consiguió
8   ganó
9   encontró
10 obtuvo
11 se casó

EXERCISE 7.5

David Black nació el tres de enero de 1950, en Manchester.
Su padre fue profesor. Su madre murió en 1955.
En 1968, ingresó en la Universidad de Sheffield para estudiar Economía pero volvió a Manchester seis meses más tarde y decidió trabajar en un restaurante italiano.
En 1970, compró una fábrica y empezó a vender pizzas.
Actualmente, su compañía produce todo tipo de comida italiana.
Le gusta jugar al golf y al squash.

CHALLENGE

Positive characteristics: More imaginative and intuitive than their German, English and French counterparts. They show greater flexibility when facing problems. They are dedicated, hard-working and creative.
Negative characteristics: Rather impatient. Often less disciplined when analysing problems and taking decisions. Some lack international experience and knowledge of other languages. Poor time management skills.

Unit Eight

Telephone skills

SETTING THE SCENE

Communicating by telephone in a foreign language is a notoriously difficult skill. Without the usual face-to-face contact, there are none of the normally helpful linguistic clues which can be gained from body language. Here we focus on the type of telephone skills which you are most likely to need in the course of your everyday business: how to make initial contact and how to confirm arrangements or cancel meetings and other engagements.

DIÁLOGO UNO

Srta. Suárez	Buenos días. Dígame.
Sr. Perales	Buenos días. ¿Está el señor Ruiz?
Srta. Suárez	Sí. ¿De parte de quién?
Sr. Perales	De parte del señor Perales, de la Asociación de Pequeñas Empresas.
Srta. Suárez	Un momento por favor, señor Perales.
Sr. Perales	Señor Ruiz. . . El señor Perales quiere hablar con usted. Está en la línea uno.
Sr. Ruiz	¿Es el señor Perales del Ministerio de Trabajo?
Srta. Suárez	No, es el señor Perales de la Asociación de Pequeñas Empresas.
Sr. Ruiz	Muy bien. Necesito hablar con él.

TRANSLATION

Srta. Suárez	Good morning. How can I help you?
Sr. Perales	Good morning. Is Mr Ruiz in?
Srta. Suárez	Yes. Who's calling?
Sr. Perales	It's Mr Perales, from the Small Businesses Association.
Srta. Suárez	Just one minute please, Mr Perales.

Sr. Perales	Mr Ruiz . . . Mr Perales wants to talk to you. He's on line one.
Sr. Ruiz	Is it Mr Perales from the Department of Employment?
Srta. Suárez	No, it's Mr Perales from the Small Businesses Association.
Sr. Ruiz	Fine. I need to speak to him.

GRAMMAR AND LANGUAGE IN CONTEXT

Dígame

Whether at home or at work, most Spaniards will use the expression *Dígame* (literally 'tell me') when answering the telephone. They may possibly add their own name or the name of the company but they do not give their telephone number as is often the case in Britain. In other Spanish-speaking countries you may hear *Hola* (Argentina), *Bueno* (Mexico) or *Aló* (Colombia, Perú and Chile).

¿Está . . .?

The simplest and shortest way to enquire if someone is available is simply to ask *¿Está. . . ?* followed by the name of the person you wish to speak to, for example *¿Está la señora Vargas?* or *¿Está Susana?* If you are answering the phone and someone asks to speak to you, you can reply *Soy yo*, the Spanish equivalent of 'Speaking'.

De parte de . . .

Literally this phrase means 'On behalf of . . .', but it is the usual reply to the question *¿De parte de quién?*, even if you are making the phone call yourself.

DIÁLOGO DOS

| Delia | Buenos días. La secretaria del señor García. Dígame. |
| Nuria | Hola, buenos días. Yo soy la secretaria de la señora Palacios que tiene una cita con el señor Garcia pasado mañana a las cuatro de la tarde. |

Delia	Sí. Van a hablar del proyecto de ampliación de la red de ventas. ¿Hay algún problema?
Nuria	No, por el contrario. Sólo quisiera confirmar que la cita se llevará a cabo a la hora convenida.
Delia	Sí, a las cuatro de la tarde. El señor García está muy entusiasmado con el asunto de la red.
Nuria	De acuerdo, entonces. La señora Palacios también está muy interesada en el proyecto. Bueno, gracias y adiós.
Delia	Adiós.

TRANSLATION

Delia	Good morning. Mr García's secretary. How can I help you?
Nuria	Hello, good morning. I'm Mrs Palacios's secretary. She has an appointment with Mr García the day after tomorrow at four in the afternoon.
Delia	Yes. It's an appointment about the project for widening the sales network. Is there any problem?
Nuria	No, on the contrary. I just wanted to confirm that the appointment will take place at the arranged time.
Delia	Yes, at four in the afternoon. Mr García is very enthusiastic about the subject of the network.
Nuria	All right, then. Mrs Palacios is also very interested in the project. Well, thank you and goodbye.
Delia	Goodbye.

GRAMMAR AND LANGUAGE IN CONTEXT

Quisiera confirmar . . .

If the purpose of your call is to confirm an appointment, meeting, visit or other details, then you can use *Quisiera confirmar* . . . followed by the relevant phrase. *Quisiera* is the imperfect subjunctive form of the verb *querer* and is often used in more formal situations with the meaning of 'I would like to'.

EXERCISE 8.1

What would you say to confirm the following details? Remember to start each sentence with *Quisiera confirmar . . .*

1   the time of the meeting tomorrow.
2   the number of people attending.*
3   the price of the product.
4   the date of my appointment.
5   the discount that we offer.
6   your new order.

*The verb *asistir* means 'to attend' (a meeting etc). In this case it is easiest to use the phrase *los asistentes* which means 'those present' or 'people attending'.

Verbs: The future

In the dialogue above, the speakers use two different ways of talking about future events.

> *Van a hablar del proyecto.*
> They are going to talk about the project.

> *La cita se llevará a cabo a la hora convenida.*
> The meeting will take place at the agreed time.

In the first example, the expression *ir a* followed by an infinitive is used. This form is often used when referring to future events which are likely to take place in the not too distant future. However, there is another future tense in Spanish which is formed in the following way:

hablar	comer	vivir
hablaré	comeré	viviré
hablarás	comerás	vivirás
hablará	comerá	vivirá
hablaremos	comeremos	viviremos
hablaréis	comeréis	viviréis
hablarán	comerán	vivirán

Notice that all the endings are, in fact, identical for -*ar*, -*er* and -*ir* verbs.

EXERCISE 8.2

Replace the immediate future (*ir a*) used in each of these sentences with the other form of the future, as in the example:

Las empresas van a seguir de cerca el debate sobre la reforma fiscal.
Las empresas *seguirán* de cerca el debate sobre la reforma fiscal.

1 La galería de arte va a abrir sus puertas esta noche.
2 El gobierno va a llevar a cabo una serie de reformas.
3 En la reunión, vamos a tratar asuntos relacionados con las inversiones españolas en Latinoamérica.
4 Todos sus clientes van a recibir información sobre la nueva gama.
5 ¿Vais a seguir exportando vuestros productos, a pesar de los problemas?
6 No voy a leer su artículo sobre la crisis.
7 Ustedes van a aumentar los precios, ¿verdad?
8 Vamos a ver la zona monumental de la ciudad.

Some commonly used verbs in Spanish are irregular in the future tense.

decir	diré, dirás, dirá, diremos, diréis, dirán
haber	habré, habrás, habrá, habremos, habréis, habrán
hacer	haré, harás, hará, haremos, haréis, harán
poder	podré, podrás, podrá, podremos, podréis, podrán
poner	pondré, pondrás, pondrá, pondremos, pondréis, pondrán
querer	querré, querrás, querrá, querremos, querréis, querrán
tener	tendré, tendrás, tendrá, tendremos, tendréis, tendrán
saber	sabré, sabrás, sabrá, sabremos, sabréis, sabrán
salir	saldré, saldrás, saldrá, saldremos, saldréis, saldrán
venir	vendré, vendrás, vendrá, vendremos, vendréis, vendrán

EXERCISE 8.3

Fill in the blanks with the correct verb chosen from the list below.

1 _____ grandes cambios en las actividades de la empresa.
2 Francisco Llobera se _____ cargo de la oficina de Valladolid.
3 La próxima junta _____ lugar el seis de noviembre.
4 Los empleados _____ de la reunión a mediodía.
5 La firma _____ especial atención a la investigación y diseño.
6 ¿Tú crees que _____ la verdad?
7 _____ los resultados de la campaña pronto.
8 ¿Vosotros _____ a la fiesta?

pondrá   hará   saldrán   dirá   tendrá   vendréis   sabremos   habrá

DIÁLOGO TRES

Irma	Buenas tardes. Dígame.
Sr. Rosas	Buenas tardes. Soy el señor Rosas de la Consultoria de Formación EDUFORM. Tengo una reunión con su jefe mañana, pero lamentablemente debo cancelar nuestra reunión porque ha surgido un conflicto laboral en nuestra firma y tengo que solucionar este problema. Mis disculpas a su jefe.
Irma	Gracias por haber llamado. Mi jefe comprende cuando hay situaciones de urgencia.
Sr. Rosas	Si consigo arreglar todo hoy, llamaré mañana para concertar otra cita. Adiós.
Irma	Gracias. Adiós.

TRANSLATION

Irma	Good afternoon. How can I help you?
Sr. Rosas	Good afternoon. I'm Mr Rosas from the Training Consultancy EDUFORM. I have a meeting with your manager tomorrow, but unfortunately I have to cancel our meeting because there's an industrial dispute in our firm and this problem must be solved. My apologies to your manager.
Irma	Thank you for phoning. My manager understands when there are situations which need to be dealt with urgently.
Sr. Rosas	If I manage to sort everything out today, I'll phone tomorrow to arrange another meeting. Goodbye.
Irma	Thank you. Goodbye.

GRAMMAR AND LANGUAGE IN CONTEXT

Expressing obligation

The modal verb *deber* is one of the means used in Spanish to express the idea that something ought to be done or should be done. It is a regular verb, following the same pattern as other verbs ending in *-er*. When used, it is always followed by the infinitive, as in the example:

Debemos cambiar de estrategia.
We ought to change strategy.

Another way of expressing obligation found in the dialogue is the idiomatic phrase *tener que*, followed by an infinitive.

Tengo que solucionar este problema.
I have to solve this problem.

Hay que followed by an infinitive can also be used in this way:

Hay que cancelar la reunión.
The meeting must be cancelled.

EXERCISE 8.4

Match phrases from the columns below to form seven sentences.

1	Tengo que llamar	este problema	la producción.
2	Hay que	el tren para	sobre este asunto.
3	El jefe debe resolver	pagar	corriente.
4	Tienen que abrir	con el jefe	confirmar la cita.
5	Hay que	aumentar	los impuestos.
6	Mañana debéis coger	al señor Pla para	cuanto antes.
7	Dolores, debes hablar	una cuenta	viajar a Madrid.

Mis disculpas

One way of sending your apologies to someone is to use the expression *Mis disculpas a . . .* followed by the name of the person to whom you are apologizing. If the apologies are on behalf of a firm or a group of people, the plural is used. For example:

Mis disculpas a su jefa.
My apologies to your manager.

Nuestras disculpas a los organizadores.
Our apologies to the organizers.

EXERCISE 8.5

Rearrange these sentences to form a telephone conversation.

a   Es que estaré en León el mes que viene y quisiera concretar una cita con él.
b   Confirmaremos la cita por fax cuanto antes.
c   Buenos días. Quisiera hablar con el jefe de ventas.
d   Gracias.
e   Bueno . . . Está libre el martes, día veinte, a las tres. ¿Le viene bien?
f   De parte de Len Richards, de INTERLOX, los fabricantes de maquinaria pesada.
g   A usted. Adiós.
h   ¿De parte de quién?
i   Buenos días, señor Richards. Lo siento pero Alfonso Díez no está. ¿Quiere que le pase un recado?
j   Hermanos Quintana. Dígame.
k   Un momento. Le pongo con su secretaria.
l   Sí, está bien.

EXERCISE 8.6

As so often happens these days, when you phone up a Spanish business colleague you are greeted by the familiar sound of his answerphone:

«Eloy Peña. Siento no poder contestar su llamada en este momento. Por favor deje su mensaje después de la señal y le llamaré más tarde.»

You need to tell him the following:

- who you are
- the name of your company

- that you have to cancel your meeting at two o'clock because you have to return to London at once
- that you will phone on Wednesday to arrange another appointment because you are very enthusiastic about the new project.

What would you say? Draft a message and then practise reading it out clearly and confidently.

CHALLENGE

You have just received some publicity about the Permacom answerphone. Read the advert through and then try to summarize briefly what the particular features of this answerphone are.

NUEVO CONTESTADOR AUTOMATICO DE LLAMADAS

Con el nuevo contestador automático de llamadas Permacom tendrá en casa o en la oficina una gran ayuda.

- Escuchará las llamadas recibidas en persona o a distancia porque podrá activar automáticamente el contestador desde otros lugares.
- Tendrá la posibilidad de escuchar y responder a las llamadas que el contestador esté recibiendo.
- Tendrá a disposición la función memoria para guardar sus propios mensajes o los de otras personas. Además disfrutará de un sistema de grabación digital. La maquina borrará mensajes anteriores con tan sólo pulsar un botón.
- Al llegar a casa o a la oficina verá en el visualizador cuántos mensajes se han grabado y a qué hora. Además una voz incorporada le anunciará la hora y la fecha en que se grabaron los mensajes.

En la gama Permacom usted también encontrará faxes, modems, teléfonos, intercomunicadores y videófonos para satisfacer sus necesidades en la oficina o en el hogar.

USEFUL VOCABULARY AND EXPRESSIONS

Using the telephone

Dígame	Hello, can I help you?
¿De parte de quién?	Who's calling?
De parte de Juan Bello, jefe de compras.	It's Juan Bello, Sales Director.
¿Está la señora Guerrero/el director?	Is señora Guerrero/the director in?
Póngame con . . .	I'd like to speak to . . .
Quisiera confirmar/cancelar . . .	I would like to confirm/cancel . . .
Mis/nuestras disculpas a	My/our apologies to . . .
Llamaré más tarde.	I will call back later.
Mi número es el . . .	My number is . . .
Mi extensión es el . . .	My extension is . . .
¿Se puede dejar un recado?	May I leave a message?
Pídale a Antonio/al señor Guzmán que llame cuando pueda.	Ask Antonio/Mr Guzmán to phone me when he can.
Transmitiré su recado a Rosa/a la señora García.	I'll give your message to Rosa/Mrs García.
Le llamo a propósito de . . .	I'm calling you about . . .
La comunicación es muy mala.	The line is very bad.
¿Podría hablar un poco más fuerte?	Could you speak a little louder?
¿Podría hablar más despacio?	Could you speak more slowly?
¿Podría repetir lo que ha dicho?	Could you repeat what you said?
Lo siento, se ha equivocado de número/sección.	Sorry, you have the wrong number/department.
Hay que marcar el . . .	You have to dial . . .
Está sonando/llamando.	It's ringing.
No cuelgue, por favor.	Hold the line, please.
¿Cómo se escribe su apellido?	How is your surname spelt?
Quisiera hacer una llamada a cobro/a cargo revertido.	I would like to make a reverse charge call.
Quisiera hacer una llamada a larga distancia.	I would like to make a long distance call.
¿Cuál es el prefijo/el prefijo para conferencias interrurbanas?	What's the code/the STD code?

BACKGROUND NOTES

The telephonist's alphabet

Very often when you are talking to Spaniards over the phone you will need to spell English surnames. It is useful to know not only the Spanish names for the letters of the alphabet but also the Spanish telephonist's alphabet to avoid confusion between similar-sounding letters.

A	Antonio	a
B	Barcelona	be
C	Carmen	ce
D	Domingo	de
E	España/Enrique	e
F	Francia	efe
G	Gerona	ge
H	Historia	hache
I	Italia/i latina	i
J	José/Jaen	jota
K	Kilo	ka
L	Lérida	ele
LL	Llave	elle
M	Madrid	eme
N	Navarra	ene
Ñ	Ñando	eñe
O	Oviedo	o
P	Portugal/París	pe
Q	Queso	cu
R	Ramón/Roma	ere
S	Sevilla	ese
T	Tarragona/Toledo	te
U	Ursula/Ubeda	u
V	Valencia	ve
W	Washington	uve doble
X	Xilofón	equis
Y	Yegua	i griega
Z	Zaragoza	zeta

To spell the surname Thomas, for example, you would say '*Te de Tarragona, hache de Historia, o de Oviedo*', etc. Practise spelling out your own surname, the name of your company and the name of the town or city where your company is based, so that if required you can spell any of them without hesitation.

Telephone calls and numbers

Local, national and international calls can normally be made from most public telephones which take 5-, 25- and 100-peseta coins. Directory Enquiries or *Información* is obtained by dialling the following numbers:

003   local calls (i.e. within the province)
009   calls to locations outside the province
005   international calls

Remember to allow for possible time differences between Spain and the United Kingdom.

In Spain, telephone numbers are normally given in the following way:

9273540   nueve, veintisiete, treinta y cinco, cuarenta

However, if you are unsure about giving your own number, you could read each digit separately:

9273540   nueve, dos, siete, tres, cinco, cuatro, cero

KEY

EXERCISE 8.1

1   Quisiera confirmar la hora de la reunión mañana.
2   Quisiera confirmar el número de asistentes.
3   Quisiera confirmar el precio del producto.
4   Quisiera confirmar la fecha de mi cita.
5   Quisiera confirmar el descuento que ofrecemos.
6   Quisiera confirmar su nuevo pedido.

EXERCISE 8.2

1 abrirá
2 llevará
3 trataremos
4 recibirán
5 seguiréis
6 leeré
7 aumentarán
8 veremos

EXERCISE 8.3

1 habrá
2 hará
3 tendrá
4 saldrán
5 pondrá
6 dirá
7 sabremos
8 vendréis

EXERCISE 8.4

1 Tengo que llamar al señor Pla para confirmar la cita.
2 Hay que pagar los impuestos.
3 El jefe debe resolver este problema cuanto antes.
4 Tienen que abrir una cuenta corriente.
5 Hay que aumentar la producción.
6 Mañana debéis coger el tren para viajar a Madrid.
7 Dolores, debes hablar con el jefe sobre este asunto.

EXERCISE 8.5

j Hermanos Quintana. Dígame.
c Buenos días. Quisiera hablar con el jefe de ventas.
h ¿De parte de quién?
f De parte de Len Richards, de INTERLOX, los fabricantes de maquinaria pesada.

k   Un momento. Le pongo con su secretaria.
i   Buenos días, señor Richards. Lo siento pero Alfonso Díez no está. ¿Quiere que le pase un recado?
a   Es que estaré en León el mes que viene y quisiera concretar una cita con él.
e   Bueno . . . Está libre el martes, día veinte, a las tres. ¿Le viene bien?
l   Sí, está bien.
b   Confirmaremos la cita por fax cuanto antes.
d   Gracias.
g   A usted. Adiós.

EXERCISE 8.6

Soy (your name) de (the name of your company). Debo/tengo que cancelar nuestra reunión a las dos porque debo/tengo que volver a Londres en seguida. Llamaré el miércoles para concertar otra cita porque estoy muy entusiasmado/a con el nuevo proyecto.

CHALLENGE

With the Permacom system, you can listen to calls in person or at a distance by automatically activating the answerphone. You can listen and reply to incoming calls. A memory function stores your messages or those of other people. The answerphone has a digital recording system. It will erase messages at the touch of a button. It shows how many messages have been recorded and when. A voice tells the time and date messages were recorded.

Unit Nine

Information technology

SETTING THE SCENE

The theme of business communications is continued in this unit, the emphasis here being on information technology, including personal computers and fax machines. The vocabulary used in this area is often highly specialized jargon, and changes rapidly to reflect new technological advances. However, you will find that since many of the new words are borrowed from English, you should not have too much difficulty in recognizing them, if this is your area of expertise. The unit begins with an extract from a memo concerning recommendations for a new computer system.

MEMORANDUM

A: V Salas
De: A Valverde
Asunto: Nuevo sistema informático

Los monitores son ya antiguos y los empleados están preocupados por la radiación que emiten. Como se trabaja mucho con gráficos en la sección de Contabilidad se necesitan mejores pantallas porque las que tenemos no definen bien los colores. Además causan reflejo. En los monitores actuales no existe un acceso fácil a los mandos.

EXERCISE 9.1

Antonio Valverde has several suggestions about the type of new monitors which need to be bought and, along with his memo, he has also enclosed a brochure for Monitores Tecnovisión. Which features of their products would be of interest to Victoria Salas in the light of Antonio's memo?

MONITORES TECNOVISIÓN

- Recubrimiento antiestático
- Diseño ultramoderno
- Baja radiación
- Pantalla antirreflectiva
- Compatibilidad con los sistemas más avanzados
- Panel de mando situado en la parte frontal
- Alta resolución
- Gama amplia de tamaños

GRAMMAR AND LANGUAGE IN CONTEXT

Relative pronouns

Although relative pronouns are frequently omitted in English, they cannot be left out in Spanish:

El informe **que** *leí esta mañana es preocupante.*
The report (**that**) I read yesterday is worrying.

Here are the most common relative pronouns with some examples of how they are used:

que

Las ciudades **que** *visité ayer son impresionantes.*
The cities **that** I visited yesterday are impressive.

La mujer **que** *vi en el parque es una periodista.*
The woman **who** I saw in the park is a journalist.

quien, quienes

El hombre, con **quien** *cenamos anoche, es el nuevo jefe de sección*
The man, with **whom** we dined last night, is the new departmental head.

el cual, la cual, los cuales, las cuales
el que, la que, los que, las que

Las condiciones bajo **las cuales/las que** *firmó el contrato fueron muy estrictas.*
The conditions under **which** he signed the contract were very strict.

Me gusta su piso en Madrid pero **el que** *tiene en Marbella es magnífico.*
I like his flat in Madrid but **the one which** he has in Marbella is magnificent.

lo cual, lo que

Me nombraron presidenta de la organización, **lo cual/lo que** *me agradó mucho.*
They nominated me as president of the organization, **which** pleased me very much.

La secretaria me dijo **lo que** *quería saber.*
The secretary told me **what** I wanted to know.

cuyo, cuya, cuyos, cuyas

El señor Granero, **cuyo** *hermano es abogado, tendrá que explicar todo.*
Mr Granero, **whose** brother is a lawyer, will have to explain everything.

EXERCISE 9.2

Fill in the blanks with the correct relative pronoun.

1   En general, sus productos son muy caros pero _____ acaban de lanzar es bastante barato.
2   Dicen que su empresa tiene graves problemas laborales, _____ me parece increíble.
3   Menchu es la profesora _____ clases son fascinantes.
4   Las traductoras, con _____ habla Rosita, son colombianas.

5 A mí _____ me importa es la calidad.

6 La revista _____ leí ayer contiene un artículo muy interesante.

7 El centro comercial, _____ acaban de abrir en Lugo, es enorme.

DIÁLOGO UNO

En una tienda especializada, el empleado explica las prestaciones de un nuevo ordenador portátil a un cliente.

Empleado Con el último modelo se puede trabajar muy bien en el entorno gráfico. El ordenador portátil combina perfectamente potencia y velocidad. Además es fácil para el usuario. Se puede aprender a utilizar el sistema rápidamente. Se puede conectar la máquina a una red para acceder a impresoras, servidores de archivos, correo electrónico y otras prestaciones. Cuenta con fax incorporado que permite enviar el trabajo a otra máquina o acceder al correo electrónico desde cualquier teléfono.

Cliente ¿Dónde se conecta el ratón?

Empleado El ratón está incorporado en el ordenador, aquí en la parte frontal.

Cliente ¿Se pueden emplear disquetes de otros entornos informáticos?

Empleado Sí. El ordenador es compatible con otros sistemas que se usan en las oficinas y en casa.

TRANSLATION

In a specialized shop, the salesman explains the features of a new portable computer to a customer.

Salesman With the latest model you can work very well in a graphic environment. The portable computer combines power and speed perfectly. It's also user-friendly and you can learn to use the system quickly. The machine can be connected to a network in order to access printers, file servers, electronic mail and other facilities. It has an in-built fax which allows

	you to send your work to another machine or to access electronic mail from any telephone.
Customer	Where do you connect the mouse?
Salesman	The mouse is built into the computer, here at the front.
Customer	Can diskettes from other computer applications be used?
Salesman	Yes. The computer is compatible with other systems which are used in offices and at home.

GRAMMAR AND LANGUAGE IN CONTEXT

Impersonal expressions using se

Impersonal expressions using *se* are commonly used in Spanish and several examples can be found in the dialogue. These expressions often correspond to the use of 'one/you/they/people' in English, or to impersonal sentences, as shown in the examples:

Aquí se puede trabajar cómodamente.
Here one can work comfortably.

Se vende en España.
It is sold in Spain.

Note that the verb following *se* is singular if it deals with one thing and plural if it deals with several things.

Se exporta maquinaria.
Machinery is exported.

Se exportan coches.
Cars are exported.

EXERCISE 9.3

Translate these sentences into Spanish using *se* expressions.

1   The product is sold in large quantities.

2   You can hire cars easily in the capital.
3   Computers are used in all modern companies.
4   The goods are transported by road.
5   One makes paella with rice.
6   People work long hours in his factory.
7   In Barcelona, two languages are spoken.
8   Can one park here?

MANUAL DE INSTRUCCIONES

Problema	*Soluciones*
No se puede transmitir el documento.	Comprobar la lista de números telefónicos. Averiguar el código y marcar el número otra vez.
	Comprobar la tapa de la máquina transmisora. Si no está bien cerrada, presionar con firmeza ambos lados de la tapa y retransmitir el documento.
Se ha acabado el papel en la máquina transmisora.	Colocar un nuevo rollo de papel, siguiendo las instrucciones dadas en la tapa. Consultar la lista de distribuidores al dorso.

INSTRUCTION MANUAL

Problem	*Solutions*
The document cannot be sent.	Check the list of telephone numbers. Check the code and dial the number again.

Check the lid of the machine. If it is not fully closed, firmly press both sides of the lid and send the document again.

There is no more paper left in the fax machine.

Fit a new roll of paper, following the instructions given on the lid. Consult the list of suppliers overleaf.

GRAMMAR AND LANGUAGE IN CONTEXT

The infinitive as imperative

Although Spanish does have an imperative form (see unit 15), the infinitive can also be used when giving commands or instructions. There are numerous examples in the above extract:

Comprobar la lista.
Check the list.

Marcar el número.
Dial the number.

This form is often used in advertisements and also in notices in public places, giving such commands as *No pasar* ('No entry') or *No fumar* ('No smoking').

EXERCISE 9.4

You are just about to leave the office for a well-deserved break when you remember that there are several tasks that you did not manage to do. Leave a note for your colleagues, reminding them what must be done.

1 Confirm Mr Buero's appointment.
2 Talk to the boss about the new computer system.
3 Buy more large envelopes.
4 Send a brochure to the French clients.

5 Book two rooms in the Hotel Principado.
6 Prepare the publicity for the trade fair.

EXERCISE 9.5

This is an extract from an advertisement for a company which specializes in information systems and computer hardware for businesses. Fill in the blanks using the most suitable adjectives chosen from the list given below.

SISTEMAS ALFA

La _____ (1) tecnología ha cambiado el ritmo de nuestras vidas. ¿Por qué no aprovecha usted de las _____ (2) innovaciones en sistemas _____ ? (3). No supondrá una inversión _____ (4). Podemos ofrecerle soluciones _____ (5) que ayudan a _____ (6) empresa trabajar con _____ (7) eficacia y rendimiento. Nuestros ordenadores _____ (8), por ejemplo, son diseñados para responder a sus necesidades. Son extremadamente _____ (9) y reúnen las prestaciones más _____ (10): dimensiones _____ (11) y facilidad de manejo. Ofrecemos entrega _____ (12) a precios _____ (13) y la más _____ (14) red de distribución.

importantes	excesiva	nueva	portatiles	mayor
inmediata	toda	últimas	informáticos	fiables
asequibles	extensa	creativas	reducidas	

CHALLENGE

Read this description of IBERTEX, a new service from Telefónica.

Ibertex

Telefónica presenta IBERTEX, la nueva forma de comunicación sin distancias, sin horarios, sin límite. Este sistema representa una de las mayores revoluciones dentro del campo de la comunicación en los últimos años. Gracias al servicio IBERTEX, el mundo está en sus manos. Si lo tiene en casa o en su oficina, puede acceder a una red de servicios en continua expansión. A través de su línea telefónica y con su ordenador personal o con una terminal, es posible obtener información de todo tipo. Instalar el servicio IBERTEX y se puede comprar, hacer gestiones bancarias, recibir información del Ayuntamiento, invertir en bolsa, reservar billetes, hoteles y restaurantes, y entradas de espectáculos. Todo esto y mucho más estará a su disposición con sólo pulsar. Llamar ahora para más información.

A colleague who has seen this advertisement for IBERTEX but does not read much Spanish has asked if you can answer the following questions.

1   What equipment do you need in order to use IBERTEX?
2   What kind of services does IBERTEX offer to subscribers?

USEFUL VOCABULARY AND EXPRESSIONS

Information technology

la informática	IT/computer science
la herramienta/hardware	hardware
un ordenador de sobremesa	laptop computer
un ordenador portátil	portable computer
un ordenador personal	personal computer
un puesto/una estación de trabajo	work station
una terminal	terminal
una impresora láser/matricial de chorro de tinta	laser/dot matrix/ink jet printer
¿Qué capacidad tiene el disco fijo?	What is the hard disk capacity?
Está conectado en red.	It is networked.
los soportes lógicos/software	software
acceder los datos	to access data
formatear	to format
borrar	to erase
cortar e insertar	to cut and paste
imprimir	to print out
introducir	to insert
modificar	to modify

almacenar los datos	to store information
procesar	to process
salvar/guardar	to save
El sistema funciona con el MS DOS	The system runs on MS DOS
un disquete/un disco blando	floppy disk
una copia de seguridad	back-up copy
la contraseña	password
los mandatos	commands
la tecla de ayuda	help key
un cursor	cursor
un fichero	file
las aplicaciones	applications
la hoja de cálculo	spreadsheet
la base de datos	database
el tratamiento de textos	word-processing
la edición de textos	desktop publishing
el diseño asistido por ordenador	CAD (computer-aided design)
el correo electrónico	electronic mail
los registros de los clientes	client records

BACKGROUND NOTES

Information technology

It is only comparatively recently that information technology has begun to make a real impact on Spanish business communications, and in the early nineties Spain was one of the fastest growing IT markets in Europe. At the start of the nineties, statistics suggested that virtually all the companies in this sector in Spain had experienced a substantial increase in turnover, with one company, Compaq, having increased its turnover by a massive 117%.

The IT sector currently faces two major problems, however. The first of these is the illegal copying of software. It was estimated in 1990, for example, that about 90% of the software which was being used at that time in Spain was ilegally copied and that, as a result, the Spanish software industry was losing some 56,000 million pesetas a year. The international organization, Business Software Association (BSA), which was set up to combat this trend, is now working in

Spain to eliminate loopholes in legislation and to ensure that companies comply with copyright laws.

The other major problem facing the IT sector is one which also affects other areas of Spanish industry: a shortage of skilled workers. It has been suggested that of the 40,000 new jobs which this sector is likely to create in the nineties, only 12,000 could be filled by suitably qualified personnel from the Spanish labour force.

KEY

EXERCISE 9.1

Baja radiación (low radiation)
Pantalla antirreflectiva (non-reflective screen)
Panel de mando situado en la parte frontal (controls at the front)
Alta resolución (high resolution)

EXERCISE 9.2

1 el que
2 lo que/lo cual
3 cuyas
4 quienes
5 lo que
6 que
7 el que/el cual

EXERCISE 9.3

1 Se vende el producto en grandes cantidades.
2 Se puede alquilar coches fácilmente en la capital.
3 Se usan los ordenadores en todas las compañías modernas.
4 Se transportan los pedidos por carretera.
5 Se hace la paella con arroz.
6 Se trabajan largas horas en su fábrica.
7 En Barcelona, se hablan dos lenguas/idiomas.
8 ¿Se puede aparcar aquí?

EXERCISE 9.4

1   Confirmar la cita del señor Buero.
2   Hablar con el jefe sobre el nuevo sistema informático.
3   Comprar más sobres grandes.
4   Mandar/enviar un folleto a los clientes franceses.
5   Reservar dos habitaciones en el Hotel Principado.
6   Preparar la publicidad para la feria.

EXERCISE 9.5

1   nueva
2   últimas
3   informáticos
4   excesiva
5   creativas
6   toda
7   mayor
8   portatiles
9   fiables
10 importantes
11 dimensiones reducidas
12 inmediata
13 asequibles
14 extensa

CHALLENGE

1   You need a telephone line, a PC or a terminal.
2   With IBERTEXT you can make purchases, carry out bank trans-
    actions, receive information from the Town Hall, invest in the
    Stock Exchange, book travel tickets, make reservations in hotels
    and restaurants and book tickets for shows.

Unit Ten

A visit to the company

SETTING THE SCENE

In this unit, we follow Ana Herrero, a journalist who works for a Spanish magazine called *Empresa*, on a visit to a Tarragona-based company, Multimoldes, S.A. She is going to interview José María Serrat, the managing director of the company which has been nominated for the title of Exporter of the Year for Catalonia.

DIÁLOGO UNO

En la recepción.

Srta. Herrero	Buenos días. Me llamo Ana Herrero. Tengo una cita con el señor Serrat.
Secretaria	Ah, sí. Lo siento pero el señor Serrat está ocupado por el momento. Un problema ha surgido en la fábrica. No es nada grave pero ha dicho que va a tardar media hora. Mientras tanto, ¿puedo ofrecerle algo? ¿Un café? ¿Un refresco?
Srta. Herrero	No gracias. Acabo de tomar un café.

TRANSLATION

At reception.

Ms Herrero	Good morning. I'm Ana Herrero. I have an appointment with Mr Serrat.
Secretary	Oh, yes. I'm sorry but Mr Serrat is busy at the moment. A problem has come up in the factory. It's nothing serious but he said he's going to be about half an hour. Meanwhile, can I get you something? A coffee? A cold drink?
Ms Herrero	No thank you. I've just had a coffee.

GRAMMAR AND LANGUAGE IN CONTEXT

Tardar

Note these useful expressions with the verb *tardar*:

Los camareros tardan mucho aquí.
The waiters are very slow here.

Tardamos tres horas de Londres a París.
We took three hours to get from London to Paris.

¿Cuánto tardaréis en terminar el proyecto?
How long will you take to finish the project?

Acabar de

The verb *acabar de* followed by an infinitive can be used to express an action which has just taken place, as in the example:

Los directores acaban de terminar su reunión.
The managers have just finished their meeting.

DIÁLOGO DOS

Media hora después, la periodista empieza su entrevista con el señor Serrat.

Srta. Herrero	¿Supongo que su empresa ha pasado por grandes cambios a lo largo de los años?
Sr. Serrat	Sí. Se fundó en los años setenta y en esa época la firma estaba situada en el barrio viejo, cerca del puerto. Teníamos una oficina y un taller pequeños en un edificio que estaba junto a un hotel abandonado. En realidad, no era adecuado pero dicho local sirvió durante casi cinco años para dar el paso inicial en el negocio.
Srta. Herrero	¿Trabajaba solo?

Sr. Serrat	No. Mi hermano Alberto trabajaba conmigo en el taller y su mujer, Adela, se desempeñaba como secretaria. Claro que hacía también un poco de todo: era encargada de ventas, relaciones públicas etc. Ahora es la directora de ventas y su marido se ocupa de la fábrica.
Srta. Herrero	¿Tenían ustedes muchos clientes?
Sr. Serrat	Teníamos unos pocos clientes regulares que compraban nuestros productos. A medida que pasaban los años, aumentaban los clientes y la empresa iba consolidándose.
Srta. Herrero	Y ¿cuánto tiempo llevan ustedes aquí, en el parque empresarial?
Sr. Serrat	Casi dos años. ¿Quiere ver una maqueta de los locales e instalaciones?
Srta. Herrero	Sí, sería muy interesante.

TRANSLATION

Half an hour later, the journalist starts her interview with Mr Serrat.

Ms Herrero	I suppose that your business has gone through some big changes throughout the years?
Mr Serrat	Yes. It was founded in the seventies and at that time the firm was situated in the old quarter, near the port. We had a small office and a workshop in a building which was next to a derelict hotel. It wasn't really suitable but those premises served us for nearly five years to start up the business.
Ms Herrero	Did you work alone?
Mr Serrat	No. My brother Alberto worked with me in the workshop and his wife, Adela, acted as our secretary. Of course, she also did a little bit of everything: she was in charge of sales, public relations etc. Now she's the director of sales and her husband takes care of the factory.
Ms Herrero	Did you have many customers?

Mr Serrat	We had a few regular customers who bought our products. As the years went by, the number of customers grew and the business became consolidated.
Ms Herrero	And how long have you been here, in the business park?
Mr Serrat	Almost two years. Would you like to see a model of the buildings and the site?
Ms Herrero	Yes, that would be very interesting.

GRAMMAR AND LANGUAGE IN CONTEXT

Verbs: The imperfect tense

The imperfect tense is used to express what used to be done and how things used to be:

Trabajaba en una fábrica.
I used to work in a factory.

It is also used to refer to things which happened repeatedly in the past:

Venían todos los días para echarnos una mano.
They came every day to lend us a hand.

It can also be used for descriptive purposes:

El edificio no era adecuado. Era demasiado pequeño.
The building was not adequate. It was too small.

The imperfect tense is formed in the following way:

hablar	*comer*	*vivir*
hablaba	comía	vivía
hablabas	comías	vivías
hablaba	comía	vivía
hablábamos	comíamos	vivíamos
hablabais	comíais	vivíais
hablaban	comían	vivían

There are only three commonly used verbs which do not follow this pattern:

ir	*ser*	*ver*
iba	era	veía
ibas	eras	veías
iba	era	veía
íbamos	éramos	veíamos
ibais	erais	veíais
iban	eran	veían

EXERCISE 10.1

Complete the sentences with the imperfect form of the verbs in brackets.

1   La secretaria _____ a la oficina en metro. (ir)
2   Antes, las tiendas _____ a mediodía los domingos. (cerrar)
3   _____ treinta habitaciones dobles en el hotel. (haber)
4   Nosotros _____ en un piso cerca del centro. (vivir)
5   Cuando ganó el premio, Eduardo sólo _____ veinte años. (tener)
6   Las antiguas oficinas _____ demasiado pequeñas. (ser)
7   Cada año Clara y yo _____ a varias ferias en Alemania. (asistir)
8   Los visitantes llegaron cuando el jefe _____ . (almorzar)

EXERCISE 10.2

Preterite or imperfect? Read the following sentences in English and then decide in each case whether the imperfect or the preterite form of the verb would be the correct one.

1   I was talking to Rosa when the phone rang.
    (Hablaba/hablé) con Rosa cuando (sonaba/sonó) el teléfono.
2   The course lasted for a fortnight.
    El curso (duraba/duró) quince días.
3   On Mondays he had lunch with his colleagues.
    Los lunes (almorzaba/almorzó) con sus colegas.

4   This evening, at six, they left the office.
    Esta tarde, a las seis, (salían/salieron) de la oficina.
5   When his brother died, Pedro was six years old.
    Cuando su hermano (moría/murió), Pedro (tenía/tuvo) seis años.
6   Every year we used to go to Greece.
    Todos los años (íbamos/fuimos) a Grecia.

Conmigo

When the preposition *con* precedes the personal pronouns *mí, ti* or *sí*, they become *conmigo, contigo* and *consigo* respectively:

¿Vienes conmigo?
Are you coming with me?

No quiero ir contigo.
I don't want to go with you.

Llevar

When used with expressions of time, the verb *llevar* is translated in a specific way, as in the example used in the text:

¿Cuánto tiempo llevan ustedes aquí?
How long have you been here?

If Mr Serrat had answered in full he would have used the present tense of the verb *llevar* in the following way:

Llevamos casi dos años.
We have been here for nearly two years.

Llevar can also be used with the gerund in the following way:

¿Cuánto tiempo llevas estudiando español?
How long have you been studying Spanish?

Llevo tres meses estudiando español.
I have been studying Spanish for three months.

DIÁLOGO TRES

Sr. Serrat   En esta maqueta, puede ver las principales partes del recinto. En este edificio, realizamos la producción. Unos noventa empleados trabajan aquí, fabricando nuestros productos.

Srta. Herrero   Y ¿para qué sirven estas naves que se encuentran al lado de la carretera?

Sr. Serrat   En ésa, se almacenan los moldes acabados y en la otra, las materias primas que llegan desde Barcelona.

Srta. Herrero   Y ¿cómo se despachan los productos?

Sr. Serrat   Eso depende. Generalmente en camiones o en tren. Utilizamos aquellos muelles de carga que se ven desde la ventana.

Srta. Herrero   El sistema de comunicaciones es excelente, ¿verdad?

Sr. Serrat   Sí, porque también tenemos fácil acceso a la autopista. Antes de irse, debe hablar con mi cuñada. Puede proporcionarle más datos sobre la empresa.

Srta. Herrero   Muy bien.

TRANSLATION

Mr Serrat   On this model, you can see the main parts of the complex. In this building, we carry out the production process. Some ninety employees work here, manufacturing our products.

Ms Herrero   And what is the purpose of these buildings which are situated by the side of the road?

Mr Serrat   In that one, the finished moulds are stored and in the other, the raw materials which arrive from Barcelona.

Ms Herrero   And how are the products despatched?

Mr Serrat   It depends. Generally in lorries or by train. We use those loading bays that can be seen from the window.

Ms Herrero   The transport system is excellent, isn't it?

Mr Serrat   Yes, because we also have easy access to the motorway. Before you go, you ought to talk to my sister-in-law. She can give you more information on the company.

Ms Herrero   Very good.

GRAMMAR AND LANGUAGE IN CONTEXT

Demonstrative adjectives

this/these	that/those	that/those (more remote)
este producto	ese director	aquel edificio
esta caja	esa planta	aquella secretaria
estos planos	esos bienes	aquellos sectores
estas ideas	esas fábricas	aquellas empresas

Note that none of these forms carries an accent and, being adjectives, they are used in conjunction with a noun.

Demonstrative pronouns

this/these	that/those	that/those (more remote)
éste	ése	aquél
ésta	ésa	aquélla
éstos	ésos	aquéllos
éstas	ésas	aquéllas

All of these forms carry an accent, except the neuter forms *esto*, *eso* and *aquello*.

EXERCISE 10.3

Complete the following dialogue between a secretary and her boss who are shopping for new office furniture.

1   – ¿Te gustan _____ lámparas? (those)
2   – No. Yo prefiero _____ (these). Y me gusta el teléfono negro.
3   – ¿_____ ? (This one)
4   – No. _____, allí. (That one – remote)
5   – Voy a comprar _____ archivadores. (those)
6   – ¿ _____ ? (Those) Son demasiado pequeños.
7   – Tienes razón. ¿Qué tal te parecen _____ papeleras? (those – remote)
8   – Son muy buenas pero _____ (these) son más baratas.

EXERCISE 10.4

Match up the first half of the sentences on the left with the most likely conclusion chosen from the phrases on the right.

1	Debido a la recesión, la empresa	a	cuando entró en la oficina.
2	El presidente agradeció	b	estaba cansado de lo que hacía.
3	En la reunión, su voto	c	como el nuevo director.
4	Llevamos cinco años	d	tuvo que reducir su personal.
5	Se trasladó a Sevilla	e	su presencia a los asistentes.
6	Acababan de llamar a su casa	f	por motivos personales.
7	Cambió de puesto porque	g	fue en contra de la propuesta.
8	Francisco Moras fue nombrado	h	viviendo en Zaragoza.

VOCABULARY EXTRA

Here is a chance to check on your vocabulary acquisition so far. Rearrange this list of 24 words into four groups, under the headings given.

TRANSPORTE	ORDENADORES	COMER Y BEBER	HOTELES
___	___	___	___
___	___	___	___
___	___	___	___
___	___	___	___
___	___	___	___
___	___	___	___

servicio de habitación	ración	recepcionista	carretera
tratamiento de textos	terraza	facilidades	billete
calamares a la romana	vuelo	marisquería	pasajero
tarjeta de embarque	impresora	menú del día	pantalla
sistema informático	monitor	facturación	piscina
facilidad de manejo	tapas	media pensión	bocadillo

CHALLENGE

Another of the companies based in the business park is ESB Centro de Negocios. Read this advertisement and then check your comprehension by answering the questions below.

ESB CENTRO DE NEGOCIOS

Podemos ayudarles a desarrollar sus actividades empresariales en Cataluña. Ponemos a su disposición todos los servicios de un centro de negocios de categoría internacional. Ofrecemos despachos y salas de reuniones completamente equipadas. Tenemos un secretariado multilingüe y un servicio de traducción e intérpretes. Además, podemos darles asistencia legal (fiscal, comercial etc). Y claro, disponemos de todos los medios de comunicación de una oficina actual. Sus visitas, llamadas y comunicaciones reciben una atención personalizada.

ESB ofrece la máxima flexibilidad: nuestros servicios siempre se adaptarán a sus necesidades. A partir de una cuota de 25.000,- ptas. mensuales, ustedes tendrán acceso a toda la infraestructura que el desarrollo de sus actividades requiera. No dude en pedir nuestro folleto para información más detallada.

1 What services and facilities can the centre provide?
2 How much does it cost to use these?
3 How can prospective clients find out more about ESB?

USEFUL VOCABULARY AND EXPRESSIONS

Tours and visits

Bienvenidos a Eurotec.	Welcome to Eurotec.
Por aquí, por favor.	This way, please.
Síganme, por favor.	Follow me, please.
Les llevaré a . . .	I will take you to . . .
Les mostraré nuestras oficinas/ nuestras facilidades/nuestra planta.	I will show you our offices/our facilities/our factory.
Aquí está una carpeta que contiene un resumen de nuestras actividades.	Here is a folder which contains a summary of our activities.

En este plano se puede ver la disposición del recinto/de las instalaciones.	In this plan you can see the layout of the complex/of the site.
Aquel edificio corresponde a . . .	That building is the . . .
En aquellas naves se encuentran . . .	In those units are housed . . .
Éste es el principal sector de producción/distribución.	This is the main production/ distribution area.
Aquí se almacenan las materias primas/los productos acabados.	This is where the raw materials/ finished products are stored.
Aquí se realiza la producción/el montaje.	This is where production/ assembly takes place.
A la derecha/a la izquierda pueden ver . . .	On the right/on the left you can see . . .
Estos locales se usan para. . .	These premises are used for . . .
Las oficinas están en el primer piso/en la primera planta.	The offices are on the first floor.
La sala de reuniones está al final del pasillo.	The meeting room is at the end of the passage.
La sala de juntas está enfrente.	The boardroom is opposite.
Muchas gracias por su visita.	Thank you for coming.
Espero que haya sido de interés para ustedes.	I hope you found it interesting.

BACKGROUND NOTES

Business parks

There are a number of business parks, or *Parques de Actividades Empresariales* (PAEs) to be found throughout Spain, most being concentrated in Catalonia, Madrid and the Basque Country. The PAEs are a more sophisticated version of the industrial estate or *polígono industrial*, combining office space with workshops (*talleres*), warehouses (*almacenes*) and industrial units (*naves*). The most modern of these industrial parks have excellent purpose-built facilities, including underground parking (*aparcamiento subterráneo*) and communal services like cafés and restaurants, centralized security systems and telecommunications networks.

KEY

EXERCISE 10.1

1   iba
2   cerraban
3   había
4   vivíamos
5   tenía
6   eran
7   asistíamos
8   almorzaba

EXERCISE 10.2

1   hablaba sonó
2   duró
3   almorzaba
4   salieron
5   murió tenía
6   íbamos

EXERCISE 10.3

1   esas
2   éstas
3   éste
4   aquél
5   esos
6   ésos
7   aquellas
8   éstas

EXERCISE 10.4

1   Debido a la recesión, la empresa   d   tuvo que reducir su
personal.

2   El presidente agradeció   e   su presencia a los asistentes.

3 En la reunión, su voto	g fue en contra de la propuesta.
4 Llevamos cinco años	h viviendo en Zaragoza.
5 Se trasladó a Sevilla	f por motivos personales.
6 Acababan de llamar a su casa	a cuando entró en la oficina.
7 Cambió de puesto porque	b estaba cansado de lo que hacía.
8 Francisco Moras fue nombrado	c como el nuevo director.

VOCABULARY EXTRA

TRANSPORTE	carretera, billete, pasajero, vuelo, facturación, tarjeta de embarque
ORDENADORES	tratamiento de textos, impresora, pantalla, sistema informático, monitor, facilidad de manejo
COMER Y BEBER	calamares a la romana, ración, marisquería, menú del día, tapas, bocadillo
HOTELES	servicio de habitación, recepcionista, terraza, facilidades, piscina, media pensión

CHALLENGE

1 Offices; fully equipped meeting rooms; multilingual secretaries; translation and interpreting service; legal advice (tax and financial matters etc.); business communications; personalized service.
2 To use the services costs a minimum of 25,000 pesetas per month.
3 ESB publish a brochure containing detailed information.

Unit Eleven

The Spanish economy

SETTING THE SCENE

In the business world, the ability to discuss the state of the economy is an essential one and in this unit, we include some of the expressions which are most frequently used when talking about financial matters and statistics. The unit begins with the first of three *mini-reportajes* from *En alza*, a radio programme which covers business affairs and economic issues.

Turismo

Según los datos publicados ayer, el año pasado, los ingresos por turismo en España alcanzaron la cifra de 2,2 (dos coma dos) billones de pesetas, lo que supone un crecimiento del 6,8% (seis coma ocho por ciento) respecto al año anterior. Sin embargo, en los meses de diciembre, agosto y enero se produjo una disminución en el número de turistas. El mercado americano sufrió un descenso de más del 7% (siete por ciento) en el primer trimestre del año.

Tourism

According to data published yesterday, income from tourism in Spain last year reached the figure of 2.2 billion pesetas, which represents a growth of 6.8% with respect to the previous year. However, in the months of December, August and January there was a fall in the number of tourists. The American market suffered a fall of more than 7% in the first quarter of the year.

GRAMMAR AND LANGUAGE IN CONTEXT

Ordinal numbers

primero	first	sexto	sixth
segundo	second	séptimo	seventh

tercero	third	octavo	eighth
cuarto	fourth	nono, noveno	ninth
quinto	fifth	décimo	tenth

Ordinal numbers agree in gender and number with the noun:

la tercera etapa del programa
the third stage of the programme

los primeros días del mes
the first days of the month

Both *primero* and *tercero* are shortened before a masculine singular noun:

el primer trimestre del año
the first quarter of the year

In addresses, you will often see the abbreviated forms of these words:

2º = segundo
second floor of apartment block

5ª planta = quinta planta
fifth floor of building

It is more common in speech to replace the higher ordinal numbers with a cardinal number:

el veintinueve aniversario
the 29th anniversary

EXERCISE 11.1

Translate the following phrases.

1   the third quarter of the year
2   the eighth floor of the building
3   the fourth day of the week

4 the tenth anniversary of his death
5 for the first time
6 the sixth festival of Spanish culture
7 the seventh edition of the book
8 the ninth of June (careful!)

Verbs and related nouns

Note the following examples of verbs and their related nouns which are connected to the description of economic performance:

to *increase*		to *decrease*	
aumentar	un aumento	duplicar	un doble
subir	una subida	bajar	una baja
crecer	un crecimiento	disminuir	una disminución
incrementar	un incremento	reducir	una reducción
triplicar	un triple	descender	un descenso

EXERCISE 11.2

Fill in the blanks in the sentences below, choosing from the words which are provided.

1 Las ventas para el _____ trimestre han alcanzado la _____ del año anterior.
2 Las agencias de viajes _____ un incremento en el número de _____ .
3 _____ el tipo de interés _____ entre un nueve y un diez por ciento.
4 El director _____ opina que las ganancias _____ un aumento.
5 Desafortunadamente el margen de utilidad _____ a _____ un descenso.
6 Los gastos generales siguen _____ a un ritmo _____ .
7 Este año se _____ una reducción en los ingresos por _____ vez.
8 La _____ en el valor del mercado representa una amenaza _____ al sector.

actualmente	preven	visitantes	produjo	experimentarán
acelerado	tercer	financiero	oscila	subiendo
sufrir	va	cifra		
tercera	baja	grave		

DINERO PARA EL MEDIO AMBIENTE

En una reunión realizada el pasado fin de semana en Bruselas, el Consejo de Ministros aprobó la directiva de conservación de los habitats naturales de la fauna y flora silvestres. También se aprobó la creación de un nuevo programa para proteger el medio ambiente. Un representante gubernamental dijo que el programa contaría con un presupuesto de 100.000 (cien mil) millones de pesetas y que, una vez entrada en vigor la directiva, España sería beneficiada con recursos financieros para la protección de un 15% (quince por ciento) de su territorio.

MONEY FOR THE ENVIRONMENT

In a meeting which took place last weekend in Brussels, the Council of Ministers approved the directive for conservation of the natural habitats of wild fauna and flora. The creation of a new programme to protect the environment was also approved. A government representative said that the programme would have a budget of 100,000 million pesetas and that, once the directive became law, Spain would receive financial resources to protect 15% of its territory.

GRAMMAR AND LANGUAGE IN CONTEXT

Verbs: Conditional tense

The conditional tense is used to express what we would do or what would happen. Like the future tense, it is formed by adding endings to the infinitive of the verb. As the examples below show, the endings for each of the types of verbs are exactly the same.

hablar	comer	vivir
hablaría	comería	viviría
hablarías	comerías	vivirías
hablaría	comería	viviría
hablaríamos	comeríamos	viviríamos
hablaríais	comeríais	viviríais
hablarían	comerían	vivirían

The same group of verbs which are irregular in the future are also irregular in the conditional tense.

decir	diría, dirías, diría, diríamos, diríais, dirían
haber	habría, habrías, habría, habríamos, habríais, habrían
hacer	haría, harías, haría, haríamos, haríais, harían
poder	podría, podrías, podría, podríamos, podríais, podrían
poner	pondría, pondrías, pondría, pondríamos, pondríais, pondrían
querer	querría, querrías, querría, querríamos, querríais, querrían
tener	tendría, tendrías, tendría, tendríamos, tendríais, tendrían
saber	sabría, sabrías, sabría, sabríamos, sabríais, sabrían
salir	saldría, saldrías, saldría, saldríamos, saldríais, saldrían
venir	vendría, vendrías, vendría, vendríamos, vendríais, vendrían

Compare the following sentences:

Juan **dice** *que el programa* **contará** *con un gran presupuesto.*
Juan **says** that the programme **will have** a large budget.

Juan **dijo** *que el programa* **contaría** *con un gran presupuesto.*
Juan **said** that the programme **would have** a large budget.

EXERCISE 11.3

Transform the following sentences, changing the present and future tenses into the preterite and conditional.

1   Con tanta nieve, pienso que vosotros llegaréis tarde.
2   Montse y Nuria dicen que vendrán para coordinar las actividades.
3   El representante nos asegura que apoyará nuestra decisión.
4   Juran que no lo harán.
5   Sabe que el jefe dirá la verdad.

6 Opinamos que será mejor esperar.
7 ¿Cree usted que los ejecutivos tendrán tiempo?
8 Me pregunto si saldrán pronto.

EXERCISE 11.4

Match the situations below with the course of action you would take from the suggestions given. Which two suggestions do not match any of the situations?

1 Llamas por teléfono y escuchas el contestador automático.
2 Hace mucho calor en la oficina.
3 No sabes cómo funciona la nueva fotocopiadora.
4 Quieres saber a qué hora sale el tren para Sevilla.
5 Te apetece comer algo ligero.
6 No recuerdas el número de teléfono de tu colega español.
7 No entiendes el significado de algunas palabras en el informe que lees.
8 Un nuevo cliente ha llegado.

a Las buscaría en el diccionario.
b Lo buscaría en mi agenda.
c Le saludaría.
d La cerraría.
e Encendería el aire acondicionado.
f Lo apagaría.
g Dejaría un recado.
h Leería el manual de instrucciones.
i Compraría un bocadillo.
j Consultaría el horario.

MÁS INVERSIONES

Se anunció hoy que el aeropuerto de Jerez sería objeto de una profunda remodelación, que le permitiría atender las demandas crecientes de las compañías aéreas y de sus pasajeros. La mejora de estas instalaciones aeroportuarias forma parte de la tercera etapa del programa de inversión realizado por la administración pública en la comunidad autónoma de Andalucía. Otros proyectos llevados a cabo en la región durante la última década han incluído la construcción de más de 500 (quinientos) kilómetros de autovía y la ampliación de la red ferroviaria.

MORE INVESTMENTS

It was announced today that Jerez airport would be subject to a major renovation, which would allow it to serve the growing demands of air companies and their passengers. The improvement of these airport facilities forms part of the third stage of the investment programme carried out by the public administration in the autonomous community of Andalusia. Other projects undertaken in the region in the last decade have included the construction of more than 500 kilometres of roads and the enlargement of the railway network.

GRAMMAR AND LANGUAGE IN CONTEXT

Más

Normally, when it is used in expressions of comparison, *más* is followed by *que*:

El banco tiene más sucursales en Madrid que en Barcelona.
The bank has more branches in Madrid than in Barcelona.

However, when numbers are involved, *más* is followed by *de*:

El sector da trabajo a más de dos millones de personas.
The sector gives work to more than two million people.

Supone una subida de más del cinco por ciento.
It represents a rise of more than 5%.

Menos is used in the same way.

EXERCISE 11.5

The following statements are based on the three *mini-reportajes* but each contains a factual error. Try to correct the sentences without referring back again to the texts: a real memory test!

1 El año pasado, los ingresos por turismo en España disminuyeron.
2 El número de visitantes creció en los meses de diciembre, agosto y enero.
3 Hubo una baja de más del 7 por ciento en el mercado británico en el primer trimestre del año.
4 El Consejo de Ministros aprobó la directiva en Madrid.
5 El programa contará con un impuesto de 100.000 millones de pesetas.
6 España tendrá recursos financieros para proteger un 20 por ciento de su territorio.
7 Van a mejorar las instalaciones portuarias de Jerez.
8 Es parte del programa de inversión realizado por la administración pública catalana.
9 Se han construído más de 500 kilómetros de red ferroviaria.

CHALLENGE

As the *mini-reportaje* suggests, in recent years large amounts of money have been invested in Andalusia's infrastructure and communications network in an attempt to industrialize one of Spain's poorer regions. Here, however, we read about one of the region's success stories: Algeciras.

Algeciras es el puente entre el continente africano y el europeo, y por esta razón, es uno de los mayores puertos de pasajeros de Europa. El año pasado 3,5 millones de pasajeros pasaron por Algeciras y según el Banco Mundial para el año 2000 esta cifra ascenderá a 5,5 millones de personas. Además en tráfico de contenedores es el puerto más importante del Mediterráneo. Movió 270.000 de ellos durante 1992. Las empresas que se han instalado allí facturan más de medio billón de pesetas al año y el puerto emplea directa e indirectamente el 70 por ciento de la población de la comarca. Sin embargo, también tiene sus problemas. Los puertos de Malta y Lisboa podrían llegar a ser peligrosos competidores. Más grave es la falta de carreteras y ferrocarriles que unen esta comarca con el resto de España. Además muchos empresarios piensan que el puerto debería contar con más médicos.

1 What do the following numbers refer to in the passage?
  a   3.5 million
  b   5.5 million
  c   270,000
  d   more than half a billion pesetas
  e   70%
2 What problems does the port face?

USEFUL VOCABULARY AND EXPRESSIONS

The economy

La peseta está débil/fuerte.	The peseta is weak/strong.
una moneda estable	stable currency
Las exportaciones están flojas/fuertes.	Exports are weak/strong.
Las ventas están en alza.	Sales are buoyant.
El sector está en expansión.	The sector is booming.
Las exportaciones están aumentando/ bajando.	Exports are growing/ decreasing.
Las perspectivas están buenas/malas.	The outlook is good/bad.
las cifras	figures
la balanza de pagos	balance of payments
el ritmo/la tasa de crecimiento	rate of growth
el presupuesto	budget
los gastos públicos	public spending
el déficit exterior	debt
el superávit	surplus
la desaceleración/ralentización	slowing down
la política monetaria	monetary policy
reducir la demanda	to reduce demand
adoptar medidas restrictivas	to take restrictive measures
generar/fomentar crecimiento	to generate/encourage growth
subvencionar	to subsidize
el ministerio de Economía y Hacienda	The Treasury
el/la Ministro/a de Economía y Hacienda	The Chancellor of the Exchequer

Hacienda	The Inland Revenue
el tesoro público	The Treasury

BACKGROUND NOTES

Comunidades Autónomas

For administrative purposes, Spain is split into regions or *Comunidades Autónomas:*

Galicia
Asturias
Cantabria
País Vasco
Navarra
La Rioja
Aragón
Cataluña
País Valenciano
Castilla-León
Madrid
Castilla- La Mancha
Extremadura
Andalucía
Murcia
Baleares
Canarias

The Spanish economy

After almost four decades of Franco's dictatorship (1939–1975), Spain emerged in the late eighties as one of the most dynamic business cultures in Europe, with the GDP considerably above the OECD average in both 1988 and 1989. Spain achieved maximum international exposure in the so-called 'magic year' of 1992, with Expo in Seville, the Olympic Games in Barcelona and Madrid designated European City of Culture. Very high levels of investment in machinery, plant and state-of-the-art technology, imported where necessary, led to the rapid modernization of Spain's industrial sector, and government initiatives created considerable improvements in Spain's export profile.

However, a number of problem areas still remain, including:

- Insufficient numbers of adequately trained people, from shopfloor workers to boardroom directors.
- An inadequate infrastructure. Road and rail systems are still poor in some areas.
- An uneasy relationship between Government and trade unions. Continuing conflict means that the number of working days lost annually is still well above the European average.
- ETA, the terrorist organization, continues to wreak havoc in the Basque region, traditionally the home of Spain's heavy industry. Bombing and kidnapping campaigns have led to companies relocating in other areas of Spain.
- A thriving black economy (*industria sumergida*). According to recent estimates, for example, 40% of production in the footwear industry takes place in clandestine workshops which make copies of designer shoes.
- The small and medium-sized company sector. *Pequeñas y medianas empresas* (PYMEs) make up 95% of Spain's business sector and 70% of Spaniards work in firms with less than 500 employees. Traditionally, Spanish legislation has not differentiated between large firms and PYMEs, and so they are often disadvantaged by excessive beaucracy and lack of information, making them liable to collapse in the face of competition and prone to foreign takeover.

    The *Instituto de Mediana y Pequeña Industrias* (IMPI) takes special responsibility for this sector, providing information and lobbying the Government to implement legislation favouring smaller firms in fiscal matters, employment and training.

One of the best sources of current information and statistics about the Spanish economy is *El anuario de economía y finanzas*, published each year by *El País*.

KEY

EXERCISE 11.1

1   el tercer trimestre del año
2   la octava planta del edificio
3   el cuarto día de la semana
4   el décimo aniversario de su muerte

5 por primera vez
6 el sexto festival de cultura española
7 la séptima edición del libro
8 el nueve de junio (Remember: different rules operate for dates!)

EXERCISE 11.2

1 tercer – cifra
2 preven – visitantes
3 actualmente – oscila
4 financiero – experimentarán
5 va – sufrir
6 subiendo – acelerado
7 produjo – tercera
8 baja – grave

EXERCISE 11.3

1 pensé – llegaríais
2 dijeron – vendrían
3 aseguró – apoyaría
4 juraron – harían
5 supo – diría
6 opinamos – sería
7 creyo – tendrían
8 me pregunté – saldrían

EXERCISE 11.4

1 g
2 e
3 h
4 j
5 i
6 b
7 a
8 c

d and f do not match any of the given situations.

EXERCISE 11.5

1   disminuyeron = aumentaron
2   creció = bajó
3   británico = americano
4   Madrid = Bruselas
5   impuesto = presupuesto
6   un 20% = un 15%
7   portuarias = aeroportuarias
8   catalana = andaluza
9   red ferroviaria = autovía

CHALLENGE

1   a number of people passing through Algeciras last year
    b number of people who will pass through Algeciras in the year
       2000 according to the World Bank
    c number of containers moved in the port in 1992
    d turnover of companies who are based in Algeciras
    e percentage of people from the district employed directly and
       indirectly in the port.
2   Malta and Lisbon could be potential competitors.
    Lack of roads and railways linking the area to the rest of Spain.
    Many business people think that the port should have more doc-
    tors.

Unit Twelve

The consumer

SETTING THE SCENE

Opinion polls, questionnaires and surveys are all important ways of finding out what the consumer thinks. In this unit we look at the kind of questions which are normally asked when market research is being carried out, and the different ways in which you can find out about consumer opinions, attitudes and habits.

DIÁLOGO UNO

Marta Tapias trabaja para un especialista en sondeos de opinión. Está haciendo una encuesta sobre los hábitos de consumo de los españoles.

Marta	Hola. Esta es una encuesta. ¿Le puedo preguntar algo?
Transeúnte 1	Sí.
Marta	¿Le parece que en España la gente gasta mucho dinero?
Transeúnte 1	Sí. En mi opinión a los españoles nos gusta ir de compras, ver las últimas novedades y tener el diseño más moderno, los productos más atractivos, más llamativos. En los últimos años España ha crecido económicamente y por lo tanto hay más poder adquisitivo en la población en general. Instintivamente somos gastadores. Queremos tenerlo todo. Lo nuevo, la moda, los últimos inventos.
Marta	Buenas tardes, señora. ¿Le puedo hacer una pregunta?
Transeúnte 2	¿De qué se trata?
Marta	Es una pregunta sobre los hábitos de consumo. ¿Le parece a usted que los españoles son gastadores o que son cautelosos con su dinero?

Transeúnte 2	Me parece que gastamos mucho . . . quizás demasiado. Creo que a veces lo desperdiciamos y hay que ahorrar un poco también. Yo siempre guardo un poquito en la caja de ahorros. Me gusta comprar, para mis hijos, para mi marido, para mí misma pero yo diría que se gastan millones de pesetas en cosas innecesarias.
Marta	Por favor, ¿le puedo preguntar algo?
Transeúnte 3	Lo siento pero tengo prisa. El autobús está a punto de salir.

TRANSLATION

Marta Tapias works for a specialist in opinion polls. She is conducting a survey on the consumer habits of Spaniards.

Marta	Hello. This is a survey. Can I ask you a question?
Passer-by 1	Yes.
Marta	Do you think that in Spain people spend a lot of money?
Passer-by 1	Yes. In my opinion we Spaniards like to go shopping, to see the latest things and have the most modern design, the most attractive and eye-catching products. In recent years Spain has grown economically and so the general population has more buying power. We are spenders by instinct. We want to have everything. New things, fashion, the latest gadgets.
Marta	Good afternoon, madam. Can I ask you a question?
Passer-by 2	About what?
Marta	It's a question about consumer habits. Do you think Spaniards spend their money or are they careful with it?
Passer-by 2	I think we spend a lot . . . perhaps too much. I think that sometimes we waste it and you have to save a little too. I always keep a little in my savings bank. I like to go shopping, for my children, for my husband, for myself but I would say that millions of pesetas are spent on unnecessary things.
Marta	Excuse me, can I ask you something?

Passer-by 3   I'm sorry but I'm in a hurry. The bus is about to leave.

GRAMMAR AND LANGUAGE IN CONTEXT

EXERCISE 12.1

The passage below is based on the dialogues above. Fill in the blanks with the correct word chosen from the list below.

Según la primera persona _____ (1), a los españoles les gustan _____ (2) dinero. En su _____ (3), debido al _____ (4) de la economía española, la población tiene más _____ (5) adquisitivo y suele _____ (6) los últimos productos. La _____ (7) transeúnte piensa que los españoles son poco _____ (8) con su dinero. Esta señora cree que es _____ (9) ahorrar y opina que, a veces, los españoles _____ (10) su dinero.

crecimiento	opinión	desperdician	cautelosos	segunda
entrevistada	comprar	gastar	necesario	poder

Asking about opinions

There are a number of ways of eliciting someone's opinion about a subject. One of the easiest is to preface a question with the phrase *En su opinión. . .*:

En su opinión, ¿ha acabado la recesión?
In your opinion, has the recession ended?

No. En mi opinión, la situación económica es todavía grave.
No. In my opinion, the economic situation is still serious.

The verb *parecer* can also be used in two ways. Either *¿Le parece que. . .* :

¿Le parece que las leyes actuales son adecuadas?
Do you think the current laws are adequate?

Sí. Me parecen bien adecuadas.
Yes. I think they are quite adequate.

Or *¿Qué le parece . . .* :

¿Qué le parece el nuevo modelo?
What do you think about the new model?

Me parece estupendo pero es demasiado caro para mí.
I think it's great but it's too expensive for me.

The verbs *pensar* and *creer* are also commonly used:

¿Piensa usted que el gobierno debe alentar la creación de pequeñas empresas?
Do you think the government ought to encourage the creation of small firms?

Sí. Creo que necesita una política más clara sobre este tema.
Yes. I think it needs a clearer policy on this topic.

A quick reply to this question could take the following form:

Creo que sí.	I think so.
Me parece que sí.	
Creo que no.	I don't think so.
Me parece que no.	

EXERCISE 12.2

Translate the following sentences, using the information given in brackets.

1　What do you think about their latest model? (parecer, usted)
2　Do you think the English spend too much? (pensar, tú)
3　What do you think about the government's policies? (parecer, ustedes)
4　In your opinion, is it necessary to save money? (vosotros)
5　Do you think their range of products is adequate? (creer, usted)
6　Do you think these designs are attractive? (parecer, tú)

Now match up these questions with the appropriate response from those given below. Which two responses do not match any of the questions?

a   Sí, son muy modernas.
b   Podría ser un poco más amplia, quizás.
c   No, actualmente no merece la pena.
d   No me gusta en absoluto.
e   No. Al contrario, son cautelosos con el dinero.
f   Sí, y los colores son muy llamativos.
g   Son poco adecuadas a la situación actual.
h   Creo que es una buena idea.

Diminutives

Poquito is the diminutive of the word *poco*. Diminutives are formed by adding endings such as *-ito*, *-cito*, *-ecillo* or *-illo*, *-cillo*, *-ecillo* to nouns, adjectives and adverbs. Diminutives are often used in Spanish to:

● express affection

> *Hola, abuelita.*
> Hello, granny.

● indicate smallness

> *Sólo quiero un poquito.*
> I just want a little.

● accentuate an idea

> *La casa queda cerquita.*
> The house is very close.

The neuter article: lo

Lo is used with the masculine singular form of adjectives to express abstract qualities:

> *Me gusta lo moderno.*
> I like modern things.

Lo bueno que tiene este producto es su alta calidad.
The good thing about this product is its high quality.

Tener idioms

Tener prisa is just one of a number of idiomatic expressions in Spanish which make use of the verb *tener*.

EXERCISE 12.3

Match up the Spanish idioms with the correct English translation.

tener hambre	to take care
tener sed	to keep someone up to date
tener calor	to want to do something
tener frío	to be sleepy
tener cuidado	to take something into account
tener miedo	to be hungry
tener sueño	to be cold
tener la palabra	to be correct
tener razón	to have to do something
tener suerte	to be thirsty
tener a alguien al corriente	to be lucky
tener algo en cuenta	to be hot
tener ganas de + infinitive	to have the floor (at a meeting)
tener que + infinitive	to be afraid

DIÁLOGO DOS

Marta	¿En dónde hace sus compras habitualmente? ¿En una tienda de barrio o en un supermercado o hipermercado?
Anciana	Normalmente en una tienda de barrio.
Marta	¿Por qué?
Anciana	Hay una atención más personal. Además conozco al dueño.
Marta	¿Dónde suele comprar? ¿En una tienda grande como un supermercado o hipermercado o en una tienda pequeña de barrio?

Antonio	En una tienda de barrio.
Marta	¿Por cuál motivo?
Antonio	Queda muy cerquita. Y los precios . . .
Marta	¿Usted cree que los precios son más bajos en las tiendas de barrio que en los supermercados?
Antonio	Pues, quizás, . . . no sé. Nunca voy a las tiendas grandes.
Marta	¿Dónde tienes la costumbre de comprar? ¿En un supermercado o hipermercado o en una tienda pequeña de barrio?
Nuria	Siempre en el super o en el hipermercado.
Marta	¿Por qué?
Nuria	Las tiendas de gran superficie ofrecen una gama más amplia de productos y los precios son más bajos que en las tiendas pequeñas. Encuentro todo lo que busco en una sola tienda y así ahorro tiempo. Para mí, esto es lo más importante.

TRANSLATION

Marta	Where do you usually do your shopping? In a local shop or in a supermarket or hypermarket?
Old woman	Normally at the local shop.
Marta	Why?
Old woman	There's more personal service. Besides, I know the owner.
Marta	Where do you usually go shopping? In a large shop like a supermarket or hypermarket or at a small local shop?
Antonio	At a local shop.
Marta	For what reason?
Antonio	It's very near. And the prices . . .
Marta	Do you think the prices are lower in the local shops than in the supermarkets?
Antonio	Well, perhaps, . . . I don't know. I never go to the large shops.
Marta	Where do you normally go shopping? In a supermarket or hypermarket or at a small local shop?
Nuria	Always at the supermarket or hypermarket.

Marta	Why?
Nuria	Because the large shops offer a wider range of products and the prices are lower than in the small shops. I find everything that I'm looking for in a single shop and so I save time. For me, that's the most important thing.

GRAMMAR AND LANGUAGE IN CONTEXT

Asking about routines

One of the verbs most commonly used to talk about routines or habits is *soler* (o→ue):

¿Cuándo suele usted hacer las compras?
When do you usually go shopping?

Suelo ir al supermercado el jueves por la tarde.
I usually go to the supermarket on Thursday afternoon.

The expressions *estar acostumbrado a* and *tener la costumbre de* have similar meanings and both are followed by the infinitive:

¿Estás acostumbrada a leer un periódico?
¿Tienes la costumbre de leer un periódico?
Do you usually read a newspaper?

Expressions of frequency

una vez al día/por día	once a day
tres veces a la semana/por semana	three times a week
un día sí y otro no	every other day
cada dos meses	every two months
todos los años	every year
siempre	always
habitualmente	usually
normalmente	normally
frecuentemente	frequently
generalmente	generally

a veces	sometimes
de vez en cuando	occasionally
pocas veces	rarely
casi nunca	hardly ever
nunca	never

Nunca compro zapatos hechos en Italia.
No compro nunca zapatos hechos en Italia.
I never buy shoes made in Italy.

Nunca he comido en un restaurante griego.
No he comido nunca en un restaurante griego.
I've never eaten in a Greek restaurant.

EXERCISE 12.4

Your boss has asked a Madrid-based market research company to produce a questionnaire to be used in Spain and this has just arrived. Since he does not read Spanish, he wants you to translate the questionnaire for him. Use a dictionary where necessary.

MERCADATA
Primera versión

Datos personales:

Sexo: M F

Edad: Entre 18 y 30 años   Estado civil: Casado/a
           Entre 31 y 50 años   Soltero/a
           Más de 50 años   Divorciado

Profesión:
No tengo empleo actualmente.
Ama de casa.
Jubilado/a

¿Tiene hijos?
No.
Sí.   ¿Cuántos hijos tiene?   1 2 3   Más de tres
           ¿Viven todos consigo?   Sí/No.

¿Cuál de estos electrodomésticos tiene en casa?

Frigorífico   Horno   Microondas
Aspiradora   Lavadora automática   Secadora de ropa
Lavavajillas

¿Dónde suele hacer las compras?

En ...   Siempre   Normalmente   A veces   Nunca
un supermercado
un hipermercado
tiendas especializadas
tiendas del barrio
un centro comercial
un mercado

¿Suele comprar productos congelados?
No. Nunca compro productos congelados.
Sí. ¿Cuál de los siguientes productos congelados ha comprado?

                        Con mucha frecuencia   A veces   Nunca
Helados y/o dulces
Pescado/mariscos
Patatas fritas
Platos preparados

En su opinión, ¿existe una oferta adecuada de productos congelados?
Creo que sí.   Creo que no.   No sé.

CHALLENGE

Read the following passage.

Los hábitos de consumo de los españoles están cambiando. La incorporación de la mujer al trabajo y el mayor poder adquisitivo de una
parte de la población son dos de los factores que han provocado este
cambio. Además los compradores actuales exigen mayor calidad y
horarios de comercio más flexibles. Antes, se hacía las compras en
las tiendas de barrio o en el mercado. Hoy, un porcentaje elevado
de la población española suele hacerlas en un supermercado, en un
hipermercado o en uno de los numerosos centros comerciales que ya
existen por toda España. Para el consumidor, las ventajas de los centros comerciales son muchas. Primero, se puede conjugar el comercio
con el ocio porque los centros comerciales ofrecen una variada gama
de productos y actividades para toda la familia. Hay una amplia oferta

complementaria, desde una agencia de viajes hasta una papelería, con cines, cafeterías y hasta zonas de recreo para niños. También se puede efectuar las compras con seguridad y hay abundantes plazas de garajes: otras de las claves del éxito de los centros. Sin embargo, el comercio tradicional sigue existiendo porque las mejores tiendas de barrio también pueden ofrecer algunas ventajas: un alto grado de especialización y la máxima atención al cliente.

Write notes about consumer habits in Spain, using the headings provided.

Reasons for changes in consumer habits	
Advantages of shopping centres	Advantages of local shops

USEFUL VOCABULARY AND EXPRESSIONS

Market research

analizar el mercado	to analyse the market
un segmento del mercado	market segment
un estudio del mercado	market study
realizar un sondeo	to carry out a survey
elaborar un informe	to produce a report
un entrevistador	interviewer
los entrevistados	interviewees
las variables	variables
los datos	data
la encuesta	poll
el encuestador	pollster

un censo	census
una muestra representativa	representative sample
el consumidor	consumer
el perfil del cliente	customer profile
la ficha técnica	technical information
La encuesta fue realizada por . . .	The poll was carried out by . . .
La muestra fue representativa de la población residente en . . .	The sample was representative of the resident population of . . .
Tiene un nivel de confianza de . . .	It has a level of confidence of . . .
Tiene un margen de error de . . .	It has a margin of error of . . .
El trabajo de campo fue realizado entre el dos y tres de mayo mediante entrevistas a domicilio.	The field work was carried out between 2nd and 3rd May by means of home interviews.
Se hizo la selección final por el sistema de rutas aleatorias.	The final selection was made by randomization.
Los datos fueron procesados por . . .	The data were processed by . . .

BACKGROUND NOTES

Data protection – LORTAD

On 31st January 1993, a new law, popularly known as LORTAD, came into effect. The *Ley Orgánica del Tratamiento Automatizado de los Datos de Carácter Personal*, similar in certain aspects to our own Data Protection Act, was passed to ensure that citizens had a right to keep personal details private. It was thought that the massive data-bases built up by direct marketing companies might constitute a threat to individual privacy. From January 1993, firms in this sector must now register their data banks centrally with the *Registro General de Protección de Datos* and the Data Protection Agency (*Agencia de Protección de Datos*) will sanction firms which do not comply with the law. Under the new law, data concerning religious or political beliefs have special protection, and citizens have the right of access to their own data and to rectify or remove any erroneous or incomplete facts. Direct marketing companies have also attempted to regulate themselves and they have their Code of Ethics (*Código Ético de Protección de Datos*).

Consumer associations

Consumer protection associations in Spain include:

National Institute for Consumer Affairs, Príncipe de Varga 54, 28006 Madrid Tel: 4311836   Fax: 2763927
Organización de Consumidores y Usuarios, C/ Serrano 78, 5 28006 Madrid Tel: 5761989   Fax: 5766662
Unión de Consumidores Españoles (UCE), General Pardiñas 48, 3a 28001 Madrid Tel: 3090379

KEY

EXERCISE 12.1

1   entrevistada
2   gastar
3   opinión
4   crecimiento
5   poder
6   comprar
7   segunda
8   cautelosos
9   necesario
10 desperdician

EXERCISE 12.2

1   ¿Qué le parece su último modelo? (d)
2   ¿Piensas que los ingleses gastan demasiado? (e)
3   ¿Qué les parecen las políticas del gobierno? (g)
4   En vuestra opinión, ¿es necesario ahorrar/guardar dinero? (h)
5   ¿Cree usted que su gama de productos es adecuada? (b)
6   ¿Te parecen atractivos estos diseños? (f)

EXERCISE 12.3

tener hambre	to be hungry
tener sed	to be thirsty
tener calor	to be hot
tener frío	to be cold
tener cuidado	to take care
tener miedo	to be afraid
tener sueño	to be sleepy
tener la palabra	to have the floor (at a meeting)
tener razón	to be correct
tener suerte	to be lucky
tener a alguien al corriente	to keep someone up to date
tener algo en cuenta	to take something into account
tener ganas de + infinitive	to want to do something
tener que + infinitive	to have to do something

EXERCISE 12.4

Personal details:

Sex: M F

Age: Between 18 and 30   Marital status: Married
       Between 31 and 50   Single
       Over 50   Divorced

Profession:
I am not currently employed
Housewife
Retired

Do you have children?
No.
Yes. How many children do you have? 1 2 3   More than three
     Do they all live with you?   Yes/No.

Which of these electrical appliances do you have in your home?

Fridge	Oven	Microwave
Vacuum cleaner	Washing machine	Clothes dryer
Dishwasher		

Where do you do your shopping?

In . . .	Always	Usually	Sometimes	Never
a supermarket				
a hypermarket				
specialist shops				
local shops				
a shopping centre				
a market				

Do you usually buy frozen products?

No. I never buy frozen products.

Yes. Which of the following frozen products have you bought?

	Very frequently	Sometimes	Never
Ice creams and/or desserts			
Fish/seafood			
Chips			
Ready-made meals			

In your opinion, is there an adequate selection of frozen products?
I think so.   I don't think so.   I don't know.

CHALLENGE

Reasons for changes in consumer habits

More women have jobs
Part of the population has more buying power
Shoppers want better quality
Shoppers want more flexible opening times

Advantages of shopping centres	Advantages of local shops
Allow the shopper to combine business and pleasure, offering products and activities for the whole family. Extras include everything from travel agents to stationers, cinemas, cafés, play areas for children One can shop in safety No difficulties in parking	High degree of specialization Maximum customer attention

Unit Thirteen

Products

SETTING THE SCENE

The ability to describe a product's features to potential customers is a vital one, as is knowing how to give more technical information concerning specifications and measurements. In this unit, then, we look at both these areas, in addition to examining ways of comparing and contrasting products. The unit begins with a brief report on the results of a survey into the factors which influence young people when buying new products.

SOBRE TODO, LA CALIDAD

Los resultados del estudio demuestran que cuando se trata de comprar, la calidad es más importante que el precio para los jóvenes europeos. Lo que siempre se observa con cuidado es la garantía y el servicio de posventa que ofrece la firma que comercializa el producto. En efecto, estos factores pueden determinar una compra. Tres de cada cinco jóvenes también tienen en cuenta el aspecto ecológico al momento de elegir un producto. Buscan productos que según los fabricantes perjudican menos al medio ambiente.

En el estudio se comprobó que la calidad es el factor más importante cuando se trata de televisores, cámaras fotográficas, neumáticos, calzado deportivo o videojuegos. En cambio, el servicio de posventa es el factor determinante cuando piensan comprar ordenadores, electrodomésticos, teléfonos, motocicletas y coches. El precio aparece como aspecto importante en casos de compra de billetes de avión o a la hora de reservar alojamiento, por ejemplo, lo que resulta en una preferencia por los vuelos más económicos y los hoteles menos costosos.

EXERCISE 13.1

Complete these sentences in English using the information given in the report.

1   According to the survey, the various factors which young people take into consideration when making a purchase are . . .
2   Quality is the most important factor when buying . . .
3   After-sales service is the determining factor for those purchasing. . .
4   Price is important when buying plane tickets or reserving accommodation and so young people prefer . . .

GRAMMAR AND LANGUAGE IN CONTEXT

Comparison of adjectives

The comparative in Spanish is formed by placing *más* or *menos* before the adjective and *que* after it. For example:

La calidad es más importante que el precio.
Quality is more important than price.

Este pedido es menos urgente que el otro.
This order is less urgent than the other.

Several commonly used adjectives have two comparative forms:

bueno	*más bueno/mejor*	better
malo	*más malo/peor*	worse
grande	*más grande/mayor*	bigger
pequeño	*más pequeño/menor*	smaller

Mayor and *menor* can also be used to mean older and younger respectively.

Roberto es menor que su hermano.
Roberto is younger than his brother.

EXERCISE 13.2

In each case, make comparisons, as in the examples:

El tubo de acero mide 2,4 metros. El tubo de plástico mide 2,1 metros. (largo)
El tubo de acero es más largo que el tubo de plástico.
El proyecto A cuesta 30 millones de pesetas. El proyecto B cuesta 50 millones de pesetas. (caro)
El proyecto A es menos caro que el proyecto B.

1 La primera edición tiene 120 páginas. La segunda tiene 200. (detallado)
2 La sede central está a veinte minutos de aquí. El taller está a media hora. (cerca)
3 El nuevo modelo consume 1 litro de gasolina por cada 18 kilómetros. El anterior consume 1 litro por cada 15 kilómetros. (económico)
4 Los talleres fueron construidos en 1970. Las oficinas fueron construidas en 1985. (moderno)
5 El viaje en tren cuesta 10.575 pesetas. El viaje en avión cuesta 19.500 pesetas. (costoso)
6 El hotel Caracas está en el centro. El hotel San Carlos está en las afueras. (conveniente)
7 Juan tiene 20 años. Pedro tiene 18 años. (mayor)
8 Esta guía tiene cuatro fotos. La otra tiene treinta. (interesante)

DIÁLOGO UNO

María Aguayo está haciendo su tesis sobre la importancia de la calidad en la industria automovilística. Ha decidido entrevistar al señor Soria que tiene amplia experiencia en este sector.

María	¿Cómo ve usted al aspecto de calidad?
Sr. Soria	Creo que en el mundo industrial somos cada vez más conscientes de la importancia de este concepto. Actualmente, desempeña un papel clave en la fabricación de automóviles. Me parece que la calidad tiene que estar presente en todos los procesos técnicos de fabricación. Para empezar, todos los materiales que se

	emplean tienen que ser de la más alta calidad. Sólo utilizamos el mejor acero, el plástico más resistente etc.
María	¿Este control de calidad termina al salir el producto de la fábrica?
Sr. Soria	No. La calidad del servicio de posventa al cliente también es importantísima. En nuestra empresa nos adelantamos a las normativas y desde hace varios años hemos dedicado esfuerzos especiales a este aspecto de la calidad total. Cada concesionario tiene un taller, que ofrece un servicio de posventa sin par para mantener satisfecho al cliente.
María	¿Piensa usted que el consumidor también está consciente del tema de la calidad?
Sr. Soria	El proceso de concienciación del público consumidor es difícil. Lleva tiempo. Es algo que debemos realizar a largo plazo.

TRANSLATION

María Aguayo is writing her thesis on the importance of quality in the car industry. She has decided to interview Mr Soria who has considerable experience in this sector.

María	What do you think of the idea of quality?
Mr Soria	I think that in the industrial world we are increasingly aware of the importance of this concept. Currently, it plays a key role in the manufacturing of cars. I think that quality has to be present in all the technical processes of manufacturing. To begin with, all the materials which are used must be of the highest quality. We use only the best steel, the toughest plastic etc.
María	Does this quality control end when the product leaves the factory?
Mr Soria	No. The quality of after-sales service to the customer is also very important. In our firm we are ahead of the regulations and for several years we have put special efforts into this aspect of total quality. Each outlet

	owner has a workshop, which offers an unequalled after-sales service to keep the customer satisfied.
María	Do you think that the consumer is also aware of the subject of quality?
Mr Soria	The process of making consumers aware is difficult. It takes time. It's something we must achieve in the long term.

GRAMMAR AND LANGUAGE IN CONTEXT

Superlatives and absolute superlatives

The following construction is used to form the superlative: definite article + comparison + *de*.

Tiene que ser de la más alta calidad de acero.
It has to be of the highest quality steel.

Su equipo tiene los peores resultados de todos.
His team has the worst results of them all.

Es el más impresionante monumento del país.
It is the most impressive monument in the country.

Some adjectives have an additional irregular superlative:

bueno	*óptimo*	the best	*malo*	*pésimo*	the worst
grande	*máximo*	the greatest	*pequeño*	*mínimo*	the smallest

The absolute superlative is used to intensify the quality of something rather than for comparative reasons. There are two possibilities. Either the word *muy* is placed in front of the adjective or the ending *-ísimo* is added to the adjective:

Este proceso es muy complicado.
Este proceso es complicadísimo.
This process is very complicated.

EXERCISE 13.3

Translate the following sentences into Spanish.

1   It is the most profitable sector of Spanish industry.
2   This programme is very simple.
3   He has written the clearest report.
4   She always eats in very expensive restaurants.
5   They manufacture the fastest cars in the world.
6   I want the smallest box.
7   The magazine contains some very interesting articles.
8   That would be the worst thing.

DIÁLOGO DOS

Alberto quiere cambiar su coche para un nuevo modelo.

Alberto	¿Me podría dar algunos detalles sobre este coche?
Vendedor	Sí, desde luego. Este coche tiene dirección asistida, aire acondicionado y sistema ABS.
Alberto	¿Tiene alguna novedad?
Vendedor	Sí. Cuenta con cierre centralizado y una computadora incorporada. Ahora se incluye elevalunas eléctrico en las cuatro puertas.
Alberto	¿Se ha cambiado el volante?
Vendedor	Sí. Ahora es un volante deportivo y además se ofrece cuentarrevolucciones y reloj digital, cristales tintados y audio preinstalado con cuatro altavoces.
Alberto	¿En cuanto a comodidad y seguridad?
Vendedor	El nuevo modelo se entrega con asiento del conductor regulable en altura e inclinación y un filtro de polvo y polen de serie. La seguridad se ha mejorado con la inclusión de barras laterales de refuerzo en las puertas.

TRANSLATION

Alberto wants to change his car for a new model.

Alberto	Could you give me some details about this car?

Salesman	Yes, of course. This car has power-assisted steering, air conditioning and an ABS system.
Alberto	Has it got any new features?
Salesman	Yes. It has central locking and a built-in computer. Now automatic windows are included on four doors.
Alberto	Has the steering wheel changed?
Salesman	Yes. Now it's a sports style wheel and in addition there's a rev counter and digital clock, tinted windows and a fitted sound system with four speakers.
Alberto	What about comfort and safety?
Salesman	The new model is provided with a driver's seat which is adjustable for height and angle and a standard dust and pollen filter. Safety has been improved by the inclusion of side-impact bars on the doors.

GRAMMAR AND LANGUAGE IN CONTEXT

¿Me podría dar detalles sobre . . .?

This phrase can be used to find out about specific features of a product or service:

> *¿Me podría dar detalles sobre este equipo de aire acondicionado?*
> Could you give me some details about this air-conditioning equipment?

> *¿Me podría dar detalles sobre el nuevo sistema informático?*
> Could you give me some details about the new IT system?

¿Tiene/Cuenta con alguna novedad?

This question can be used to ascertain if any innovations have been incorporated into a service or product:

> *¿Cuenta con alguna novedad en el interior?*
> Does it have any new features in the interior?

> *Sí. Los asientos tienen un diseño totalmente nuevo.*
> Yes. The seats have a totally new design.

No. No tiene ninguna novedad en el interior.
No. It does not have any new features in the interior.

Alguno and ninguno

Both *alguno* and *ninguno* agree with the noun to which they refer.

¿Tiene alguna carta para mí?
Do you have any letters for me?

No. No tengo ninguna carta para tí.
No. I haven't got any letters for you.

Before the singular form of the masculine noun, both words have a different form: *algún* and *ningún*.

No hay ningún libro sobre este tema.
There isn't any book on that topic.

In negative sentences, *alguno* placed after the noun can take the place of *ninguno*.

No he recibido folleto alguno.
I haven't received any brochures.

EXERCISE 13.4

Complete the sentences with the correct form of *alguno* or *ninguno*.

1   No hay _____ problema con el nuevo teléfono celular.
2   Todavía quedan _____ folletos escritos en alemán.
3   Esta impresora cuenta con _____ novedades.
4   ¿Tiene _____ libro sobre el sistema bancario español?
5   Lo siento. No tengo _____ idea del precio.
6   No he visto _____ cajas por aquí.
7   No tenía diccionario _____ en su oficina.
8   En su nuevo programa, no hay _____ errores.

EXERCISE 13.5

Here is a list of features which may influence people when they are going to buy a new product:

la comodidad	el material
la seguridad	el color
la presentación	el embalaje
la garantía	el proceso de fabricación
la rapidez	el diseño
la marca	el tamaño
la facilidad de usar	el coste
la calidad	el aspecto ecológico
	el servicio de posventa

Check that you know the meaning of all of them and then read this brief text:

En mi opinión, a la hora de comprar un ordenador, el coste y la facilidad de usar son los factores más importantes. Creo que la rapidez y el servicio de posventa son aspectos importantísimos también. Me parece que el tamaño es más importante que el diseño. Para mí, el embalaje es una consideración de poca importancia y el color no me importa en absoluto.

Using this text as an example, write something similar about the four products below, deciding for yourself the order of importance in which you would place the various relevant features in each case:

a   Un juguete
b   Una lavadora automática
c   Un coche
d   Un perfume

CHALLENGE

As the survey at the start of this unit indicated, more and more consumers are concerned about the environmental impact of any products which they buy. The text below talks about one of the developments in this area which is becoming increasingly popular. Fill in the blanks using the words which are given below.

Los _____ (1) exigen cada vez más _____ (2) ecológicos y esta preocupación por el medio ambiente está llevando a _____ (3) fabricantes a utilizar etiquetas indicativas de que sus productos no son _____ (4) para el entorno. Alemania fue el país pionero en el _____ (5) de las etiquetas ecológicas y la primera de ellas apareció allí en 1978. Ahora más de 4.000 productos _____ (6) llevan esta etiqueta. Se trata de una tendencia _____ (7) ya que productos ecológicos en Japón, Canadá, Noruega, Suecia y Dinamarca también llevan etiquetas _____ (8). Cada país ha creado su propio _____ (9) y su propio organismo para determinar qué productos son merecedores de él. Las razones son _____ (10). Demuestra un compromiso por parte de los distintos _____ (11) de disminuir la fabricación de productos contaminantes. Al mismo tiempo, para muchas empresas representa un atractivo _____ (12).

consumidores	numerosos	gobiernos	logotipo
publicitario	lanzamiento	productos	verdes
perjudiciales	creciente	alemanes	claras

USEFUL VOCABULARY AND EXPRESSIONS

Describing a product

la ficha técnica	technical specifications
las especificaciones	specifications
las dimensiones	dimensions
¿Cuánto mide de ancho/de largo/ de alto?	How wide/long/tall is it?
¿Cuánto pesa?	How much does it weigh?
Pesa dos coma tres toneladas.	It weighs 2.3 tons.
El voltaje es de 240 voltios.	The voltage is 240 volts.
Tiene un volumen de cinco metros cúbicos.	It has a volume of 5 cubic metres.
Es de tamaño mediano.	It is medium-sized.
El precio es dos mil libras.	The price is two thousand pounds.
Las ventajas de este modelo son . . .	The advantages of this model are . . .
Las principales características de este producto son . . .	The main characteristics of this product are . . .

¿Preferiría rojo en lugar de negro?	Would you prefer red instead of black?
Tenemos varios productos similares.	We have several similar products.
Puede escoger entre varias alternativas.	You can choose between various alternatives.
Está muy bien de precio.	It is very reasonably priced.
Su fiabilidad es muy buena.	It is very reliable.
Su capacidad está por sobre lo normal.	Its capacity is above average.
Esta marca es una indicación de su alta calidad.	This trademark is an indication of its high quality.
El coste variable es bajo.	The running cost is low.
Es muy fácil de usar.	It is very easy to use.
Se ha estado vendiendo muy bien.	It has been selling very well.

BACKGROUND NOTES

Business and the environment

It is only comparatively recently that environmental issues have started to appear on Spain's political and business agenda, and the country faces some major environmental problems which will not be solved by the sale of a limited number of environmentally friendly products or the relatively small-scale recycling programmes being run in cities such as Barcelona. The first environmental legislation in Spain was not approved until 1972 and in the same year the *Comisión Interministerial del Medio Ambiente* (CIMA) was set up. Spain does not have a Ministry of the Environment. Heavy industry and traffic in the big cities were largely responsible for air pollution, while mass tourism has created major problems on the coastline, leading to erosion and sea pollution. In recent times, the government has made attempts to remedy the situation by offering grants and subsidies to help with the installation of equipment to limit air pollution, passing laws to reduce the lead content in petrol and sponsoring schemes to clean up coastal regions and monitor sea pollution. However, in many respects, Spain is still lagging behind its European partners in environmental matters, and a serious commitment by the government, together with major investment, is needed if this imbalance is to be redressed.

Product standardization

Legislation from Brussels is creating a series of Europe-wide standards to which all products which are covered must conform. Technical Help to Exporters (THE) is a DTI service operated by the British Standards Institution. It exists to help exporters to identify and comply with standards, certification and other technical requirements. Further information can be obtained from: Technical Help to Exporters, British Standards Institution, Linford Wood, Brecklands, Milton Keynes, Buckinghamshire MK14 6LE Tel: 0908 220022

The Spanish Standards Authority is AENOR (*Asociación Española de Normalización y Certificación*), Fernández de la Hoz 52, 28010 Madrid Tel: 34 1 4104851   Fax: 34 1 4104976

KEY

EXERCISE 13.1

1   quality, price, guarantee, after-sales service and ecological/environmental concerns
2   televisions, cameras, tyres, sports shoes/trainers and video games
3   computers, electrical appliances for the home, telephones, motorbikes and cars
4   the cheapest flights and the least expensive hotels

EXERCISE 13.2

1   La primera edición es menos detallada que la segunda.
2   La sede central está más cerca que el taller.
3   El nuevo modelo es más económico que el anterior.
4   Los talleres son menos modernos que las oficinas.
5   El viaje en tren es menos costoso que el viaje en avión.
6   El hotel Caracas es más conveniente.
7   Juan es mayor que Pedro.
8   Esta guía es menos interesante que la otra.

EXERCISE 13.3

1 Es el sector más rentable de la industria española.
2 Este programa es sencillísimo/muy sencillo.
3 Él ha escrito el informe más claro.
4 Ella siempre cena en restaurantes carísimos/muy caros.
5 Fabrican los coches más rápidos del mundo.
6 Quiero la caja más pequeña.
7 La revista contiene unos/algunos artículos interesantísimos/muy interesantes.
8 Esto sería lo peor.

EXERCISE 13.4

1 ningún
2 algunos
3 algunas
4 algún
5 ninguna
6 ningunas
7 alguno
8 ningunos

EXERCISE 13.5

It is up to you to decide what you write for this exercise. Use the text as a model.

CHALLENGE

1 consumidores
2 productos
3 numerosos
4 perjudiciales
5 lanzamiento
6 alemanes
7 creciente
8 verdes

9   logotipo
10 claras
11 gobiernos
12 publicitario

Unit Fourteen

Product launch and distribution

SETTING THE SCENE

In this unit we look at the launch and distribution of a new product in a sector which plays an important part in the Spanish economy: the toy industry. In the first dialogue, the President of the Federation of Spanish Toy Manufacturers, señor Miranda, talks about the current crisis in the sector and the need for new products.

DIÁLOGO UNO

Entrevistador:	¿Nos podría decir, señor Miranda, cuál es la situación actual del sector juguetero?
Sr. Miranda:	Esperamos que este año la situación de la industria de fabricación de juguetes mejore en relación a los tres últimos años. Es imprescindible que el lanzamiento de nuevos productos originales sea el paso adelante que ayude a los jugueteros españoles a superar la crisis provocada por la invasión de juguetes procedentes de los países del Extremo Oriente. No creemos que los productos nacionales puedan considerarse inferiores en calidad a los importados. Lo más probable es que esta situación tenga que ver con sus precios finales, que son más bajos que los nuestros, gracias a que el coste de la mano de obra es inferior.
Entrevistador:	¿Podría ampliar su declaración en relación a las razones del alto coste de los productos españoles?
Sr. Miranda:	Las empresas españolas están penalizados con los costes de Seguridad Social muy elevados, ya que se trata de una industria que emplea mucha mano de obra temporal. Durante ciertos meses del año, son más de siete mil trabajadores. La estacionalidad de las ventas influye en este proceso. Entre el setenta y el setenta y cinco por ciento de las ventas se realizan

entre diciembre y enero. Por esta razón, el sector tiene que soportar elevados gastos laborales de estocaje y almacenamiento.

TRANSLATION

Interviewer: Can you tell us, Mr Miranda, what the current situation is in the toy sector?

Sr. Miranda: We hope that this year the situation in the toy manufacturing industry will improve with respect to the last three years. It's vital that the launch of new and original products should be the step forward that helps Spanish toy manufacturers overcome the crisis caused by the flood of toys coming from the Far East. We don't believe that Spanish products can be considered of inferior quality to those which are imported. Most probably this situation is related to their final prices, which are lower than ours because the labour costs are less.

Interviewer: Could you say more about the reasons for the high cost of Spanish products?

Sr. Miranda: Spanish companies are penalized by the very high social security costs since this is an industry which employs a large temporary workforce. During certain months of the year, there are some seven thousand workers. The seasonal nature of sales influences this process. Between 70 and 75% per cent of sales take place during December and January. For this reason, the sector has to bear high working costs for stock and storage.

EXERCISE 14.1

The text below is based on the interview with Señor Miranda. Fill in the blanks with the most suitable word chosen from the list given below.

A pesar de las _____ (1) sufridas por el sector juguetero en los
_____ (2) años, el señor Miranda es bastante _____ (3).
Según él, las empresas españolas _____ (4) lanzar nuevos juguetes
_____ (5) para competir con los productos hechos por los países del
Extremo Oriente. Los _____ (6) españoles ofrecen productos de
alta calidad pero los precios de los jugueteros _____ (7) son inferiores porque sus trabajadores _____ (8) mucho menos. El coste de
los juguetes españoles suele ser _____ (9) a causa de varios
_____ (10) laborales.

fabricantes	factores	orientales	dificultades	ganan
imaginativos	elevado	optimista	necesitan	últimos

GRAMMAR AND LANGUAGE IN CONTEXT

Verbs: Present subjunctive

For regular verbs, the present subjunctive is formed in the following
way:

trabajar	vender	vivir
trabaje	venda	viva
trabajes	vendas	vivas
trabaje	venda	viva
trabajemos	vendamos	vivamos
trabajéis	vendáis	viváis
trabajen	vendan	vivan

Radical verbs change, in the same persons as they did in the present
indicative:

querer	quiera, quieras, quiera, queramos, queráis, quieran
poder	pueda, puedas, pueda, podamos, podáis, puedan
seguir	siga, sigas, siga, sigamos, sigáis, sigan
dormir	duerma, duermas, duerma, durmamos, durmáis, duerman

Many commonly used verbs are irregular in the present subjunctive:

dar	dé, des, dé, demos, déis, den
decir	diga, digas, diga, digamos, digáis, digan
estar	esté, estes, esté, estemos, estéis, estén
haber	haya, hayas, haya, hayamos, hayáis, hayan

hacer	haga, hagas, haga, hagamos, hagáis, hagan
ir	vaya, vayas, vaya, vayamos, vayáis, vayan
oír	oiga, oigas, oiga, oigamos, oigáis, oigan
poner	ponga, pongas, ponga, pongamos, pongáis, pongan
saber	sepa, sepas, sepa, sepamos, sepáis, sepan
salir	salga, salgas, salga, salgamos, salgáis, salgan
ser	sea, seas, sea, seamos, seáis, sean
tener	tenga, tengas, tenga, tengamos, tengáis, tengan
traer	traiga, traigas, traiga, traigamos, traigáis, traigan
valer	valga, valgas, valga, valgamos, valgáis, valgan
venir	venga, vengas, venga, vengamos, vengáis, vengan

The subjunctive is used in many different instances in Spanish, some of which occur in the dialogue.

– In clauses dependent on verbs of wishing and wanting provided that the subject of the verb in the main clause is different from that in the subordinate clause:

Esperamos que este año la situación mejore.
We hope that this year the situation will improve.

Among the many verbs included in this category are *querer, desear, preferir* and *pedir*.

– Similarly, in clauses expressing doubt or possibility:

No creemos que los productos puedan considerarse inferiores.
We don't think the products can be considered inferior.

The verb *dudar* and expressions like *puede que* and *es posible que, lo más probable es que* are included in this category. Note, however, that *creer* does not take the subjunctive:

Creo que vendrá a las cinco.
I think he'll come at five o'clock.

– Impersonal expressions:

Es imprescindible que lancemos nuevos productos.
It is vital that we launch new products.

There are many expressions included in this category, such as *es importante que*, *es necesario que*, *es bueno que* and *es raro que*.

EXERCISE 14.2

Put the verb in brackets into the correct form of the subjunctive.

1 Dudan que el pedido (llegar) el lunes.
2 Puede que (haber) una reunión esta semana.
3 El jefe prefiere que los asesores (escribir) el informe.
4 Es raro que (ir, tú) a colaborar en este proyecto.
5 El gobierno quiere que nos (ajustar) aún más los cinturones.
6 Es necesario que ustedes (pagar) las cuentas en seguida.
7 No creo que vosotros (salir) antes de las doce.
8 La junta pide que los jefes (arreglar) este asunto.
9 Es posible que yo (saber) su nombre.
10 Es bueno que nos (traer) muestras de todos sus productos.

DIÁLOGO DOS

En directo desde la Feria Internacional del Juguete en Valencia, Enrique Santos entrevista a Marcos Robles.

Enrique Santos ¿Qué novedades promocionan este año las empresas?

Marcos Robles Bueno, siguen haciendo furor los videojuegos, sobre todo las consolas portatiles de SuperTecno, que ya han obtenido gran éxito en otros países europeos. Esta empresa ha presentado hoy un nuevo modelo con mejores gráficos y sonido que estará a la venta a mediados de noviembre. El Corte Inglés será el nuevo distribuidor exclusivo.

Enrique Santos Creo que Semper va a lanzar al mercado una gama que se llama Minijuegos . . .

Marcos Robles Sí. Han ampliado su línea de juegos de viaje. Minijuegos son nuevas versiones de juegos tradicionales. Hechos de plástico resistente, son ligeros y fácilmente transportables para que los niños puedan jugar con ellos en el coche o en la playa. En mi opinión, su popularidad está garantizada porque tiene una campaña publicitaria excelente que se desarrollará en televisión, radio y en la prensa nacional.

Enrique Santos   Todo el mundo se muestra muy optimista hoy en cuanto al futuro del sector, pero ¿usted cree que las empresas españolas pueden sobrevivir en un mundo cada más competitivo?

Marcos Robles   Han pasado por malos tiempos recientemente y todavía tendrán que afrontar muchas dificultades pero con tal de que sigan lanzando novedades de alta calidad, yo creo que las perspectivas son buenas.

TRANSLATION

Live from the International Toy Fair in Valencia, Enrique Santos is interviewing Marcos Robles.

Enrique Santos   What new products are firms promoting this year?

Marcos Robles   Well, video games are still very popular, above all SuperTecno's portable consoles, which have already been very successful in other European countries. This firm presented a new model today with better graphics and sound which will be on sale from mid-November. El Corte Inglés will be the sole distributor.

Enrique Santos   I think Semper is going to put a new range on the market called Minijuegos . . .

Marcos Robles   Yes. They've extended their range of travel games. Minijuegos are new versions of traditional games. Made from tough plastic, they are light and can be carried easily so that children can play with them in the car or on the beach. In my opinion, their popularity is guaranteed because they have an excellent advertising campaign which will be on television, radio and in the national press.

Enrique Santos   Everyone is very optimistic today regarding the future of the sector, but do you think that Spanish companies can survive in an increasingly competitive world?

Marcos Robles   They have gone through some bad times recently, and they still have a lot of difficulties to face, but as long

as they continue to launch new high quality products,
I think the outlook is good.

GRAMMAR AND LANGUAGE IN CONTEXT

A mediados de noviembre (mid-November)

This is one of a number of phrases which are used in Spanish when
talking about time. Other useful expressions of this type include:

a comienzos de   at the beginning of
a principios de

> *La campaña empezó a comienzos/a principios del mes.*
> The campaign began at the start of the month.

al final de   at the end of
a finales de
a fines de

> *Lanzamos el nuevo modelo al final del/a finales del/a fines del*
> *año.*
> We launched the product at the end of the year.

Conjunctions requiring the subjunctive

The subjunctive must be used after a number of conjunctions, including:

para que   in order that
sin que   without
con tal de que provided that
a menos que   unless

For example:

> *Hay que enviar la solicitud sin de que se entere el director.*
> The application must be sent without the director finding out
> about it.

EXERCISE 14.3

Find the most likely ending for each of the following phrases, choosing from the list below.

1   Con tal de que tengamos existencias suficientes
2   Lo más probable es que las ventas mejoren pronto
3   Es raro que no haya asistido a la reunión
4   El ministro ha concedido una entrevista a la prensa
5   Hay clases de inglés para todos los empleados
6   Puede que tenga tiempo de hablar con usted más tarde
7   Antes de que lancemos el nuevo modelo
8   El producto estará a la venta a comienzos de enero

a   para que todos sepan la verdad sobre el caso Mariscal.
b   haremos un estudio exhaustivo del mercado.
c   gracias a la nueva campaña publicitaria.
d   porque iba a presentar el nuevo plan financiero a sus colegas.
e   despacharemos su pedido en seguida.
f   a menos que haya algún problema imprevisto.
g   porque el director quiere que todos dominen una lengua extranjera.
h   pero su secretaria dice que está ocupado hasta las tres.

A magazine serving the toy manufacturing sector announces the arrival in Spain of a new concept in distribution: superstores specializing in the sale of products for the youth market.

ABC

Ya tenemos 50 centros en Francia y más de un centenar repartidos por el resto de Europa y el mes que viene, inauguramos nuestro primer centro ABC en Madrid. Contará con 3.500 metros cuadrados de sala de ventas, 1.000 metros cuadrados de almacén y para que no pierda tiempo, unas 18 cajas. Cuando venga a ABC, quedará sorprendido ante nuestra gama de productos para niños de 0 a 14 años, la cual incluye muñecas, videojuegos, bicicletas, libros y hasta alimentación para el bebé. Nuestra filosofía es muy sencilla. Ofrecemos precios reducidos y un amplio surtido de productos a lo largo del año. Y en caso de que quede insatisfecho, sea lo que sea su queja, devolveremos el importe del producto. Creemos que ABC le va a gustar . . .

ABC

We already have 50 centres in France and more than a hundred spread throughout the rest of Europe, and next month we open our first ABC centre in Madrid. It will have 3,500 square metres of sales space, 1,000 square metres of warehouse space and, so that you don't waste time, 18 checkouts. When you come to ABC, you will be surprised by our range of products for children from 0 to 14, a range which includes dolls, video games, bicycles, books and even baby food. Our philosophy is very simple. We offer low prices and a wide selection of products all year round. And should you not be satisfied, whatever your complaint, we will refund your money. We think that you're going to like ABC . . .

GRAMMAR AND LANGUAGE IN CONTEXT

En caso de que

En caso de que is another of the conjunctions which are followed by a subjunctive. Literally it is translated as 'in case', but it can also be translated by the use of 'should', as in the following example:

> *En caso de que consigas contactarle, llámame en seguida.*
> Should you manage to contact him, call me immediately.

Time clauses requiring the subjunctive

There are a number of expressions of time in Spanish which require the use of the subjunctive when they refer to an action which has not yet taken place. These include:

cuando	when
en cuanto	as soon as
tan pronto como	as soon as
hasta que	until
antes de que	before
después de que	after

Note the difference between the two examples using *cuando*:

Cuando tenga más dinero, compraré el nuevo modelo.
When I have more money, I'll buy the new model.

A hypothetical case, referring to a future event: I may never have more money.

Cuando tiene dinero, suele gastarlo en tonterías.
When he has money, he usually spends it on stupid things.

Not hypothetical, a description of habitual behaviour.

Sea lo que sea

Phrases of this kind are often seen in Spanish and are known as the *forma reduplicativa*. The list of examples below gives some idea of equivalent structures in English:

haga lo que haga
whatever he does

pase lo que pase
whatever happens

sea quien sea
whoever he may be

EXERCISE 14.4

Translate the following sentences into Spanish.

1 We want the government to invest more money in the project.
2 I don't think he'll come to the factory tomorrow.
3 It is vital that we launch the new range in January.
4 They have to return now so that the visitors can attend the reception.
5 Provided that we have sufficient quantities, you (tú) will receive the catalogue tomorrow.
6 Whatever he says, their products are inferior.
7 It is possible that they will support the decision.
8 When you (ustedes) arrive, we will arrange everything.

CHALLENGE

Here is a *minireportaje* about another Spanish sector which has been experiencing something of a crisis of late: the local shop. Read the text and then complete the English sentences below.

Las grandes superficies y los pequeños comercios están en guerra por el horario de apertura de tiendas. Los detallistas defienden abiertamente una regulación con restricciones del sector, ya que han manifestado que si se mantiene la liberalización total, casi medio millón de pequeños comercios podrían verse en la necesidad de cerrar sus puertas para siempre. Por otro lado, las grandes superficies y los centros comerciales exigen que se mantengan los horarios libres porque así lo quieren los consumidores. Según una encuesta reciente, el 40 por ciento de los entrevistados se muestra partidario de la apertura los domingos.

La polémica sobre horarios comerciales también resulta familiar para los comerciantes de otros países europeos. En Alemania, Grecia, Dinamarca e Italia tienen decretado un cierre general el domingo, con matices de posibles aperturas en Navidad y Pascua. En Irlanda, Portugal, Bélgica o Suecia tienen libertad para comercializar cualquier día de la semana. Otros países como Luxemburgo abren hasta la una de la tarde y en los Países Bajos pueden abrir 14 domingos o festivos máximos por año.

1 Shopkeepers are worried that unrestricted opening hours will mean . . .
2 According to a recent survey . . .
3 With certain exceptions at Easter and Christmas, shops close on Sunday in . . .
4 In Sweden, shops can open . . .
5 In the Netherlands, shops can open . . .

USEFUL VOCABULARY AND EXPRESSIONS

Distribution

la venta al por mayor/al granel	wholesale
un mayorista	wholesaler

la venta al por menor/ la venta al detalle	retail
un detallista/ un minorista	retailer
una gran superficie	superstore
un centro comercial	shopping centre
un gran almacén	department store
un hipermercado	hypermarket
un supermercado	supermarket
una cooperativa	cooperative
un mercado	market
un mercadillo	local street market
un distribuidor	distributor
una boutique	small specialized shop
un proveedor/ un suministrador	supplier
una cadena	chain (of shops)
la franquicia	franchising

BACKGROUND NOTES

Distribution channels

As the interviews in Unit 12 suggested, consumer habits are changing in Spain and an increasing number of Spaniards shop in hypermarkets and shopping centres. In 1987, the hypermarket sector accounted for 5% of the market share. By 1992, this market share had risen to approximately 50% of food sector sales and 20% of remaining sales. In addition, it has been predicted that by the year 2000 there will be some 300 shopping centres in Spain. The major hypermarket companies include Alcampo, Continente, Jumbo, Pan de Azucar, Pryca, Hipercor and El Corte Inglés, the famous department store chain.

Given the recent growth of the superstores, it is not surprising that the number of small retail outlets should have dropped from 130,000 in 1983 to 90,000 in 1993. However, traders are fighting back by forming associations to lobby for fairer conditions and by offering more personalized customer services.

The Spanish toy industry

The toy manufacturing sector is currently under threat for several reasons. Cheap imports from the Far East and developing countries are flooding the market, and Spanish firms which operate illegally are also producing inferior products at low prices which are often bought by parents who are short of money but eager to ensure that their children do not miss out on the latest toys and games. All toys and games made by Spanish firms must now conform to the rigorous standards imposed by the European Parliament as of 1st January 1990 and, along with a Eurocontrol logo, products must carry labels which clearly specify instructions for use and an age rating. Although product norms may have been standardized, Spanish tradition still persists, and Christmas presents are given to children on 6th January, when they are delivered not by Santa Claus but by the Three Kings (*los Reyes Magos*).

KEY

EXERCISE 14.1

1   dificultades
2   últimos
3   optimista
4   necesitan
5   imaginativos
6   fabricantes
7   orientales
8   ganan
9   elevado
10 factores

EXERCISE 14.2

1   llegue
2   haya
3   escriban
4   vayas

5 ajustemos
6 paguen
7 salgáis
8 arreglen
9 sepa
10 traigan

EXERCISE 14.3

1 e
2 c
3 d
4 a
5 g
6 h
7 b
8 f

EXERCISE 14.4

1 Queremos que el gobierno invierta más dinero en el proyecto.
2 No creo que venga a la fábrica mañana.
3 Es imprescindible que lancemos la nueva gama en enero.
4 Tienen que volver ahora para que los visitantes puedan asistir a la recepción.
5 Con tal de que tengamos suficientes cantidades, recibirás el catálogo mañana.
6 Diga lo que diga, sus productos son inferiores.
7 Es posible que apoyen la decisión.
8 Cuando lleguen, arreglaremos todo.

CHALLENGE

1 Shopkeepers are worried that unrestricted opening hours will mean that almost half a million small shops will close down.
2 According to a recent survey 40% of those interviewed were in favour of Sunday opening.

3   With certain exceptions at Easter and Christmas, shops close on Sunday in Germany, Greece, Denmark and Italy.
4   In Sweden, shops can open any day of the week.
5   In the Netherlands, shops can open a maximum of 14 Sundays or holidays per year.

Unit Fifteen

Advertising and promotions

SETTING THE SCENE

Here we focus on advertising and promotions, a sector which in recent years has rapidly expanded in Spain, making it one of the fastest growing major advertising markets in Europe.

DIÁLOGO UNO

Ana Perales, co-directora de la agencia de publicidad AKA, está discutiendo una nueva campaña publicitaria con su socio, Alfonso Velázquez.

Sra. Perales	¿Ya tienes las fotos que vamos a utilizar para los anuncios de cerveza Tres Hermanos?
Sr. Velázquez	Sí. Llegaron esta mañana. Fueron creadas por el mismo equipo que realizó la exitosa campaña del refresco ZAS el año pasado. Las imágenes fueron diseñadas por Marta Reyes. Sus ideas son muy innovadoras.
Sra. Perales	Sí. Muy pocos objetos en cada foto para que resalte el producto. Me gusta su trabajo, pero ¿por qué ha utilizado colores tan fuertes? Resultan un poco chillones . . .
Sr. Velázquez	Sí. Lo ha hecho con la intención de dotar el producto con una imagen joven. Los colores suaves que se presentaron a los grupos de prueba provocaron una fuerte reacción negativa.
Sra. Perales	Entonces, recomiendo que utilizemos el mismo estilo para el spot. Necesitamos música de fondo estridente. Debemos buscar un grupo que sea ultramoderno.
Sr. Velázquez	Bueno, lo pensaré. Tengo que irme, ahora, porque Marta me ha pedido que devuelva las fotos cuanto antes. Las necesitan el jefe de diseño gráfico.

TRANSLATION

Ana Perales, co-director of the AKA advertising agency, is discussing a new advertising campaign with her partner, Alfonso Velázquez.

Sra. Perales	Have you already got the photos that we're going to use for the ads for Tres Hermanos beer?
Sr. Velázquez	Yes. They arrived this morning. They were created by the same team that did the successful campaign for the soft drink ZAS last year. The images were designed by Marta Reyes. Her ideas are very innovative.
Sra. Perales	Yes. Very few objects in each photo so that the product stands out. I like her work, but why has she used such strong colours? They look a little loud . . .
Sr. Velázquez	Yes. She's done it with the intention of giving the product a young image. The pale colours that were shown to the test groups provoked a strong negative reaction.
Sra. Perales	Well then, I recommend that we use the same style for the television advertisement. We need strident background music. We need to look for an ultramodern group.
Sr. Velázquez	O.K., I'll think about it. I have to go now because Marta asked me to return the photos as soon as possible. The head of graphic design needs them.

GRAMMAR AND LANGUAGE IN CONTEXT

Recomendar

Recomendar and other verbs which imply a recommendation are followed by the subjunctive. *Sería mejor que* and *sería muy útil que* fall into the same category:

Sería mejor que vuelvas mañana.
It would be better for you to return tomorrow.

Sería muy útil que nos informen de sus propósitos.
It would be useful for you to inform us about your proposals.

The indefinite antecedent

The subjunctive is used in a relative clause when the antecedent is unknown or hypothetical:

Necesitamos una secretaria que sepa italiano.
We need a secretary who knows Italian.

El nuevo director busca una casa que tenga cinco dormitorios.
The new director is looking for a house with five bedrooms.

Verbs: The passive

The passive is formed by using the verb *ser* and the past participle. The rules for the formation of the past participle are given in Unit 5. In passive constructions, the past participle agrees in gender and number with the object of the sentence:

La revista fue leída por medio millón de mujeres.
The magazine was read by half a million women.

Estos periódicos son publicados por el grupo EQUIS.
These newspapers are published by the EQUIS group.

EXERCISE 15.1

Rewrite these sentences using the correct passive form of the infinitive given in brackets.

1 Ayer la reina (recibir) por el Primer Ministro en la capital.
2 Actualmente este proceso (hacer) por máquinas.
3 Generalmente los documentos (repartir) por un mensajero.
4 Todas las cartas que recibiste (escribir) por mi secretaria.
5 La nueva gama de electrodomésticos (lanzar) la semana pasada.
6 Los productos defectuosos siempre (devolver) a la fábrica.
7 En el último modelo, la temperatura (controlar) por este termostato.
8 Las exposiciones siempre (inaugurar) por el presidente.
9 Este año, Elena (invitar) a un congreso internacional en México.
10 A causa de la huelga, los pedidos no (entregar) a tiempo por la firma distribuidora.

EXERCISE 15.2

Transform the following sentences into passive constructions as in the following example:

Construyeron la nueva autopista en sólo siete meses.
La nueva autopista fue construida en sólo siete meses.

1   Las autoridades aplicaron la multa.
2   El gobierno aprobó el presupuesto.
3   Las tiendas aumentaron los precios.
4   La casa editorial ha publicado la obra.
5   El juez interrogó a todas las hermanas.
6   Miles de personas vieron la exposición.
7   El ministro de Economía y Hacienda inauguró la feria.
8   La junta apoyó sus decisiones.

Here is another example of AKA's work, a promotional campaign for AVIAIR, a new airline company.

AVIAIR

Vuele al verano y disfrute a bordo de uno de los aviones más silenciosos. Elija uno de los muchos destinos e itinerarios que le ofrecemos o combine más de un itinerario para realizar un viaje inolvidable. Consulte precios, procedencia y fechas a su agente de viajes. Compre un billete ahora y participe en nuestro sorteo de una estancia de dos noches para dos personas en unos de los 23 hoteles de cadena Confort por toda España.

Nombre .... Apellidos ....
Domicilio ....
Código Postal .... Ciudad .... Provincia ....

Rellene el cupón con sus datos, recorte por la línea de puntos y envíelo a:
Sorteo Confort, Apartado de Correos N°. 3412, 28065 Madrid
¡Buena suerte!

GRAMMAR AND LANGUAGE IN CONTEXT

Verbs: The imperative

The imperative is used when giving commands, orders or instructions. The *usted* and *ustedes* form of the imperative are, in fact, the third person singular and plural of the subjunctive.

	trabajar	vender	escribir
Affirmative			
usted	trabaje	venda	escriba
ustedes	trabajen	vendan	escriban
Negative			
usted	no trabaje	no venda	no escriba
ustedes	no trabajen	no vendan	no escriban

EXERCISE 15.3

Read through the advertisement for Aviair and pick out all the examples of the imperative which you can find. Make a list of these, and in each case give the infinitive of the verb appearing in the imperative.

DIALOGO DOS

Otro de los clientes de AKA, Licores Beta S.A., quiere relanzar al mercado uno de sus productos más conocidos: el vodka Imperial. Julia Morán discute este proyecto con los otros miembros de su equipo creativo.

Julia Morán	Tenemos un nuevo proyecto hoy: el relanzamiento del vodka Imperial. Es una marca muy conocida pero va perdiendo la cuota del mercado que tenía antes, a causa de la fuerte competencia que existe dentro de este sector. Por esta razón, los directores creen que ya es hora de cambiar la imagen del producto. Aquí tenemos la botella y algunos ejemplos de los anuncios que formaron parte de la última campaña para promocionar Imperial. Entonces, ¿hay algunas sugerencias?
Luis Herralde	¿Quieren cambiar el nombre del producto?

Julia Morán	No, y en mi opinión, tienen razón porque creo que el nombre es muy apto. Para mí, sugiere elegancia, distinción, exclusividad.
Luis Herralde	En este caso, hace falta un nuevo diseño para la etiqueta, algo con más estilo, que sea más clásica.
José Villar	Sí, y tenemos que cambiar la botella. Debe ser más llamativa, quizás una forma distinta . . . o podemos sugerir una botella que tenga una capacidad superior a lo habitual en este sector del mercado.
Julia Morán	Sí. Creo que el diseño del envase necesita una remodelación. ¿Qué os parece la publicidad?
Luis Herralde	Es poco original. No creo que los anuncios proyecten una identidad muy fuerte. El lema tampoco me convence . . .
Julia Morán	Sí, estoy de acuerdo.
José Villar	Otro tipo de promoción que podríamos investigar es el patrocinio. La empresa podriá patrocinar un concurso deportivo o un festival de cine o algo semejante.
Julia Morán	Sí. Pues, con estas sugerencias me parece que podemos empezar a elaborar una estrategia.

TRANSLATION

Another of AKA's clients, Licores Beta S.A., wants to relaunch one of its best-known products: Imperial Vodka. Julia Morán is discussing this project with the other members of her creative team.

Julia Morán	We have a new project today: the relaunch of Imperial Vodka. It is a very well-known brand, but it is losing the market share that it had previously because of the strong competition which exists in this sector. For this reason, the directors think that now is the time to change the product's image. Here we have a bottle and some examples of the ads which formed part of the last campaign to promote Imperial. So, are there any suggestions?
Luis Herralde	Do they want to change the name of the product?

Julia Morán	No, and in my opinion, they are right because I think the name is very suitable. For me, it suggests elegance, distinction, exclusiveness.
Luis Herralde	In that case, a new design is needed for the label, something with more style, something that is classic.
José Villar	Yes, and we have to change the bottle. It ought to be more eye-catching, perhaps a different shape . . . or we could suggest a bottle which has a bigger capacity than is usual in this market sector.
Julia Morán	Yes. I think the packaging design needs remodelling. What do you think about the advertising?
Luis Herralde	It is not very original. I don't think the adverts project a very strong identity. The slogan does not convince me either . . .
Julia Morán	Yes, I agree.
José Villar	Another kind of promotion that we could investigate is sponsorship. The firm could sponsor a sports event or a film festival or something similar.
Julia Morán	Yes. Well, with these suggestions I think we can begin to work out a strategy.

EXERCISE 15.4

Here is a list of some of the suggestions that Julia Morán and her team came up with in their initial report for the director of Licores Beta, S.A. In each case, replace the infinitive with the correct imperative form of the verb, as in the example:

        _____ (Mejorar) la imagen del producto.
        Mejore la imagen del producto.

1   _____ (Remodelar) el diseño del envase.
2   _____ (Crear) una nueva etiqueta.
3   _____ (Cambiar) la forma de la botella.
4   _____ (Buscar) una identidad más fuerte para el producto.
5   _____ (Escoger) un lema más original.
6   _____ (Firmar) un contrato de patrocinio con un personaje deportivo.
7   _____ (Patrocinar) un festival de cine o algo semejante.
8   _____ (Utilizar) una variedad de soportes publicitarios.

EXERCISE 15.5

Fill in the blanks with the most suitable adjective from the list below.

Nuestros productos son el resultado de la _____ (1) elegancia de sus líneas y la _____ (2) calidad de los materiales _____ (3). A esto se une la _____ (4) tecnología del proceso, lo que nos ayuda a mantenernos en un lugar _____ (5) a nivel _____ (6) e _____ (7). Nuestra _____ (8) gama se expone en _____ (9) los salones de _____ (10) importancia y se vende a través de una _____ (11) red de ventas con _____ (12) preparación _____ (13).

a nacional
b todos
c extensa
d alta
e internacional
f empleados
g excelente
h tradicional
i mayor
j amplia
k destacado
l profesional
m avanzada

CHALLENGE

Read this review of a new book on marketing and then complete the sentences below.

Según Carolina Muñoz, profesora del MBA en varias escuelas de negocios, escribió este libro porque hay una escasez de publicaciones sobre el tema de marketing, realizadas por profesionales españoles. La mayoría de los libros son traducciones de ediciones americanas o inglesas. Ella basa su obra en las experiencias recogidas como consultora y en un estudio detallado de las

técnicas utilizadas con éxito por diversas empresas españolas y multinacionales.

En *Marketing Actual*, la autora nos introduce en el mundo de marketing, mostrándonos las diferentes herramientas y métodos de trabajo que se precisan para triunfar. El libro va dirigido a todas aquellas personas que están interesadas en conocer las diferentes estrategias y áreas de actividad que componen el marketing: investigación de mercados, producto, mercado, organización comercial, comunicación, marketing directo, planes de marketing.

1 According to Carolina Muñoz, she wrote *Marketing Actual* because . . .
2 The work is based on . . .
3 The topics covered in the book include . . .

USEFUL VOCABULARY AND EXPRESSIONS

Media and advertising

la publicidad/propaganda	advertising
una agencia de publicidad	advertising agency
poner un anuncio	to run an advertisement
anunciar	advertise
un logotipo	logo
una marca	brand name
el sector publicitario/promocional	advertising/promotional sector
los costes de marketing	marketing costs
una fórmula de marketing	marketing formula
dotar algo de un aspecto joven	to give something a young image
aumentar la cuota del mercado	to increase market share
penetrar en el mercado	to penetrate the market
promocionar un producto/servicio	to promote a product/service
un spot publicitario	television advertisement
hacer una campaña publicitaria	publicity campaign
mejorar/cambiar la imagen	to improve/change the image
re/lanzar un producto	to re/launch a product
lograr las cuentas de una compañía	to win a company's account
mejorar las relaciones públicas	to improve public relations

la estrategia comercial	business strategy
el marketing directo	direct marketing
los envíos por correo	mailings
una central de media	media centre
un escaparate	shop-window display
las vallas	hoardings
el diseño gráfico	graphic design
la imagen corporativa	corporate image
la publicidad directa	direct advertising
las tarifas publicitarias	advertising rates
ha sido patrocinado por . . .	was sponsored by . . .
el patrocinio	sponsorship
el mecenazgo	patronage
los media	the media
la prensa	the Press
un canal/una cadena	channel (TV)
una emisora	radio station
la publicidad televisiva	television advertising

BACKGROUND NOTES

The Spanish advertising sector

In the eighties, Spanish advertising agencies went from being virtually unknown to winning 24 prizes at the prestigious Festival of Advertising held in Cannes in 1989. However, most of the advertising agencies in Spain are still multinationals and in 1991 only four of the top 30 advertising and promotions agencies were Spanish. In 1990, for the first time, over a billion pesetas was spent on advertising, and Spain has one of the highest spending rates for advertising in Europe. The motor industry is still the sector which invests most heavily in advertising and also the sector which makes the least cutbacks in times of recession. There are several annual publications which offer a compilation of the best advertisements and publicity campaigns, including *Anuario de Campañas*, published by Altamira and *Los anuncios del año*, available from Publicaciones Profesionales.

The Spanish media

Legislation relating to the ending of *Televisión Española's* (TVE) monopoly and the regulation of private TV stations was approved in April 1988. Autonomous stations have been established in Valencia (TVV), Andalusia (Canal Sur), the Basque Country (TV Vasca, in Basque and Spanish), Murcia (Tele 3), Catalonia (Televisió de Catalunya, in Catalan), Galicia (TVG, in Galician) and Madrid (Telemadrid). Further stations are planned. Three private stations – Antena 3, Canal + and Tele 5 – all commenced transmission in 1990. Various satellite channels, including Super Channel, Galavision, TV-5, RAI Uno, RAI Due, Eurosport and Screensport can also be received in Spain.

The national radio station is *Radio Nacional de España* (RNE) and the foreign service is *Radio Exterior España*. There are currently more than 300 local radio stations broadcasting throughout Spain.

There are no truly national newspapers, but *El País* is printed simultaneously in Madrid and Barcelona and regional editions have been established in Andalusia and Valencia. Other well-known newspapers include *Diario 16*, *Ya* and *ABC*. In 1990, there were about 120 newspapers in Spain, with a total daily circulation of 3.3 million.

Recent years have seen a massive growth in the number of publications dedicated to business and managerial matters. There are several daily newspapers dedicated to business and/or finance, including: *Cinco días*, *Expansión de la Actualidad Económica Diaria*, *La gaceta de los negocios* and *Económico diario*. *El País* also publishes a weekly supplement known as *Negocios*. Other magazines covering finance, business and/or management include weekly publications like *Actualidad económica*, *Mercado* and *Inversión* or the monthly magazines *Empresa y Futuro* and *La tribuna económica*.

KEY

EXERCISE 15.1

1 fue recibida
2 es hecho
3 son repartidos
4 fueron escritas

5   fue lanzada
6   son devueltos
7   es controlada
8   son inauguradas
9   fue invitada
10 fueron entregados

EXERCISE 15.2

1   La multa fue aplicada por las autoridades.
2   El presupuesto fue aprobado por el gobierno.
3   Los precios fueron aumentados por las tiendas.
4   La obra fue publicada por la casa editorial.
5   Todos las hermanas fueron interrogadas por el juez.
6   La exposición fue vista por miles de personas.
7   La feria fue inaugurada por el ministro de Economía y Hacienda.
8   Sus decisiones fueron apoyadas por la junta.

EXERCISE 15.3

vuele	volar
disfrute	disfrutar
elija	elegir
combine	combinar
consulte	consultar
compre	comprar
participe	participar
rellene	rellenar
recorte	recortar
envíe	enviar

EXERCISE 15.4

1   remodele
2   cree
3   cambie
4   busque

5   escoja
6   firme
7   patrocine
8   utilice

EXERCISE 15.5

1	h
2	d
3	f
4	m
5	k
6	a
7	e
8 or 11	c
9	b
10	i
11 or 8	j
12	g
13	l

CHALLENGE

1   According to Carolina Muñoz, she wrote *Marketing Actual* because there is a shortage of books on marketing written by Spaniards. Most are translations of American or English texts.
2   The work is based on her experiences as a consultant and on a detailed study of successful techniques used by various Spanish and multinational companies.
3   The topics covered in the book include market research, the product, the market, business organization, communication, direct marketing and marketing plans.

Unit Sixteen

Trade fairs and exhibitions

SETTING THE SCENE

All the dialogues in this unit are based around the activities taking place in an exhibition centre. Madrid, Barcelona and other Spanish cities host an ever-increasing number of trade fairs and exhibitions, which cover a vast range of sectors and attract thousands of exhibitors and visitors from Europe and all over the world.

FERIA INTERNACIONAL DEL EQUIPO DE OFICINA

En el recinto Ferial de IFEMA en la Casa de Campo, Madrid.
Jornadas profesionales de FIEO, días 17, 20, 21, 22, 23 y 24. Estos días no habrá taquilla desde las 10 hasta las 15 horas. En este período y para la entrada en el recinto, será necesario la presentación de su invitación o acreditar su identidad.
Coincidiendo con FIEO, se celebrará el Congreso Internacional sobre Seguridad en la Oficina, del 20 al 22 de noviembre.
Este año visite los nuevos pabellones dedicados al diseño y confort en la oficina.
Horario: De 10 a 19.30 horas sin interrupción.
Domingos de 10 a 15 horas (cerrado por la tarde).
Prohibida la entrada a menores de 18 años.

EXERCISE 16.1

A prospective visitor to FIEO has lots of questions to ask about the event. Supply the answers that the information desk would have given.

1 ¿Dónde se celebra FIEO?
2 ¿A qué hora abre la taquilla durante las jornadas profesionales?
3 ¿Qué hay que hacer para entrar en el recinto durante las jornadas profesionales?
4 ¿Cuándo termina el Congreso Internacional sobre Seguridad en la Oficina?
5 ¿Qué hay de nuevo este año?
6 ¿Está cerrado el recinto los domingos?
7 ¿Puede acompañarme mi hijo? Tiene catorce años.

DIÁLOGO UNO

Un hombre de negocios, Bob Harris, necesita informaciones.

Srta. Cuenca	Buenas tardes. ¿En qué puedo servirle?
Mr Harris	Soy representante de KidKits. Somos una empresa escocesa y fabricamos ropa y complementos para los niños. Necesito informaciones sobre la Feria Internacional de Moda Infantil.
Srta. Cuenca	Le recomiendo que contacte a los organizadores directamente. En este folleto tiene la dirección, el número de teléfono y el número de fax. Ellos le mandarán una carpeta con todos los datos de la próxima muestra. Si llama por teléfono, pregunte por la señora Casas. Si manda un fax, envíelo a la atención del Departamento de Información al Expositor. Por último, si decide escribirles, diríjase a Ricardo Prieto y asegúrese de que la carta llegue antes de este fin de semana. ¿Vale?
Mr Harris	Vale. Muchas gracias por su ayuda. Adiós.

TRANSLATION

A businessman, Bob Harris, needs some information.

| Srta. Cuenca | Good afternoon. How can I help you? |
| Mr Harris | I'm a representative for KidKits. We are a Scottish firm and we manufacture clothes and accessories |

	for children. I need some information about the International Children's Wear Fair.
Srta. Cuenca	I recommend that you contact the organizers directly. In this brochure you have the address, the telephone number and the fax number. They will send you a folder with the details of the next fair. If you phone, ask for señora Casas. If you send a fax, send it care of the Department of Information for Exhibitors. Finally, if you decide to write to them, contact Ricardo Prieto and make sure that the letter arrives before this weekend. OK?
Mr Harris	That's fine. Many thanks for your help. Goodbye.

GRAMMAR AND LANGUAGE IN CONTEXT

Imperatives with pronouns

When the imperative is in the affirmative, pronouns are joined directly onto the verb and an accent is added as necessary to signify the change in stress:

Mande el fax. Mándelo en seguida.
Send the fax. Send it at once.

When the imperative is in the negative, pronouns are placed directly in front of the verb:

No escriba la carta ahora. No la escriba hasta mañana.
Don't write the letter now. Don't write it until tomorrow.

Reflexive verbs follow a similar pattern:

Siéntese aquí y no se preocupe.
Sit here and don't worry.

EXERCISE 16.2

Replace the underlined noun in each case with the correct pronoun and make any necessary changes to the imperative form.

Example: Lean los <u>folletos</u> rápidamente.
           Léanlos.

1   No lleve la <u>corbata</u> azul con esta camisa.
2   Apague el <u>ordenador</u> cuando termines.
3   Pida el <u>folleto</u> sobre sus actividades.
4   No olvidéis los <u>pedidos</u>.
5   Devuelvan las <u>carpetas</u> cuanto antes.
6   No compres los <u>billetes</u> con su tarjeta de crédito.

Open conditional sentences

There are a number of examples in the dialogue of open conditional sentences. These all follow the same pattern:

si + present indicative   imperative

Si llama por teléfono, pregunte por la señora Casas.
If you phone, ask for Sra. Casas.

Other patterns of tenses in open conditional sentences can include the following:

si + present tense   present tense

Si compras la colección completa, te dan un regalo.
If you buy the complete collection, they give you a gift.

si + present tense   future tense

Si mandas el impreso, recibirás tres ejemplares gratis.
If you send off the form, you will receive three free samples.

Note that in conditional sentences *si* is never followed directly by the present subjunctive.

EXERCISE 16.3

Translate the following sentences.

1   If you (usted) want more information, ask for a brochure.
2   If they go to the fair, they will visit the new pavillion.
3   If she arrives late, she will call us from the airport.
4   If we attend the conference in London, we can see the exhibition.
5   If I hire a car, it will cost more.
6   If you (vosotros) need to reserve a room, don't forget to contact us.

DIÁLOGO DOS

Luisa y Pedro están preparando el stand para su compañía en la Feria de Turismo y Tiempo Libre. Otra colega, Belén, llega para ayudarles.

Belén	Hola. Lo siento haber tardado tanto en llegar. Hubo un accidente y la carretera fue completamente bloqueada por un camión.
Luisa	No te preocupes. Tenemos suficiente tiempo. La taquilla no abre hasta las dos.
Belén	Entonces, decidme lo que debo hacer.
Pedro	Primero, abre esta caja grande, saca todas las postales y ponlas en aquella mesa redonda. Luego, manda un fax al jefe y díle que toda va bien.
Luisa	Oye, Belén, ¿te traigo un café? Estaba a punto de ir a la cafetería cuando llegaste . . .
Belén	Sí, por favor, y tráeme un bocadillo.
Luisa	Pedro, explícame otra vez dónde está la cafetería.
Pedro	Sal por estas puertas. Sigue por el pasillo y sube por la escalera. La cafetería está allí, en el nuevo salón de exposiciones.
Luisa	Bueno, me voy. Hasta pronto.

TRANSLATION

Luisa and Pedro are preparing the stand for their company at the Tourism and Leisure Time Fair. Another colleague, Belén, arrives to help them.

Belén	Hello. I'm sorry I'm so late. There was an accident and the road was completely blocked by a lorry.

Luisa	Don't worry. We have enough time. The ticket office doesn't open until two.
Belén	So, tell me what I have to do.
Pedro	First, open that big box, take out all the postcards and put them on that round table. Then, send a fax to the boss and tell him that everything is going well.
Luisa	Listen, Belén, shall I bring you a coffee? I was just about to go to the cafeteria when you arrived . . .
Belén	Yes, please, and bring me a sandwich.
Luisa	Pedro, tell me where the cafeteria is again.
Pedro	Go out through these doors. Carry on up the corridor and go up the stairs. The cafeteria is there, in the new exhibition hall.
Luisa	O.K., I'm off. See you soon.

GRAMMAR AND LANGUAGE IN CONTEXT

Estar a punto de (to be about to)

Another phrase with a similar meaning would be *estar para*:

Manuel estaba para salir cuando el teléfono sonó.
Manuel was about to leave when the telephone rang.

Verbs: The imperative

In the previous unit, we saw the use of the subjunctive as an imperative but there is also a separate imperative form, used for *tú* and *vosotros* in the affirmative:

	trabajar	vender	escribir
tú	trabaja	vende	escribe
vosotros	trabajad	vended	escribid

With regular verbs, the *tú* form of the imperative is like the third person singular of the present indicative.

Estudia el contrato cuidadosamente.
Study the contract carefully.

Cierra la puerta, Adolfo.
Close the door, Adolfo.

There is also a series of irregular imperatives in the *tu* form:

decir	di	salir	sal
hacer	haz	ser	sé
ir	ve	tener	ten
oír	oye	venir	ven

The *vosotros* imperative is formed by taking the infinitive of the verb, removing the final 'r' and replacing it by 'd':

Bebed más agua mineral.
Drink more mineral water.

For reflexive verbs in the *tú* imperative, the reflexive pronoun is added directly onto the verb, together with any necessary accents:

Levántate, María. Ya son las ocho.
Get up, Maria. It's already eight o'clock.

In the *vosotros* form, the reflexive pronoun is added directly to the verb from which the final 'd' has been removed:

Sentaos y calmaos.
Sit down and don't get so worked up.

EXERCISE 16.4

Change the imperative from the singular form to the plural form.

1 Abre las cartas que llegaron ayer.
2 Llame a la oficina.
3 Cierra las ventanas en su oficina.
4 Escriba en español.
5 Ten cuidado con los nuevos coches.
6 Analice los resultados del sondeo.
7 Ven a la reunión mañana.

8 Bebe menos cerveza.
9 Haz una copia de estos documentos.
10 Recoja aquellos papeles.

EXERCISE 16.5

Change these commands from the affirmative to the negative.

1 Instala el equipo en la sala de reuniones.
2 Hablen con el Director de Ventas.
3 Entregue todos los documentos al jefe.
4 Remitan el dinero en seguida.
5 Buscad las palabras en el diccionario.
6 Haga las fotocopias ahora.
7 Pon las carpetas en la silla.
8 Volved después de almorzar.

DIÁLOGO TRES

En Informaciones, la señora Márquez y la señorita Cuenca siguen trabajando.

Sra. Márquez ¿Llamaron los clientes de Leeds y Bradford?
Srta. Cuenca Sí. A los de la agencia de viajes de Leeds les he dicho que soliciten más información sobre la Feria de Turismo y Tiempo Libre en Bilbao. A los que llamaron de la fábrica de herramientas de Bradford, les he sugerido que monten un stand en la Feria Industrial de Valencia y otro en la Feria Ibertool de herramientas y equipos en Barcelona.
Sra. Márquez Me parece bien. Todas las mejores empresas del sector participan en este certamen y se presentan las últimas novedades y tendencias de la industria.
Srta. Cuenca Por esa razón les he recomendado que reserven su espacio cuanto antes.

TRANSLATION

In Enquiries, señora Márquez and señorita Cuenca carry on working.

Sra. Márquez	Did the clients from Leeds and Bradford ring?
Srta. Cuenca	Yes. I told the people from the Leeds travel agents to ask for more information on the Tourism and Leisure-time Fair in Bilbao. I suggested to the people who called from the tool factory in Bradford that they set up a stand at the Industrial Fair in Valencia and another at the Ibertool Fair for tools and equipment in Barcelona.
Sra. Márquez	That's fine. All the best companies in the sector take part in this event and all the latest products and trends are on show.
Srta. Cuenca	That is why I recommended that they reserve a place as soon as possible.

GRAMMAR AND LANGUAGE IN CONTEXT

Perfect tense + present subjunctive

As the examples in the dialogue suggest, the perfect tense is followed by the present subjunctive, in a clause introduced by que.

EXERCISE 16.6

Answer the questions with a full sentence, following the example given:

Example: ¿Qué les has recomendado? (abrir una cuenta corriente)
Les he recomendado que abran una cuenta corriente.

1 ¿Qué les habéis dicho? (proponer un nuevo presupuesto)
2 ¿Qué les han ordenado? (conducir más despacio)
3 ¿Qué les ha sugerido? (reducir los gastos generales)
4 ¿Qué les ha recomendado usted? (tener cuidado)
5 ¿Qué les has pedido? (devolver el dinero cuanto antes)

VOCABULARY

Here are the names of six trade fairs and a brief description of what you would find there. Below you have a list of the names of the different sections (*pabellones*) which you might expect to find there. Match the signs to the trade fair where they would be most likely to be found. Which three signs do not belong to any of the trade fairs mentioned?

EXPO/OCIO Feria del Tiempo Libre
INFOMAT Salón Internacional de la Informática
TRAFFIC Salón Internacional de la Seguridad Vial
MODATEC Feria Internacional de Moda y Calzado
EQUIPAL Salón Internacional para el Equipamiento Comercial
EUROFRUIT Salón Internacional de la Fruta

Pabellones

Impresoras
Equipos para aparcamiento
Maquinaria agrícola
Calefacción en la vivienda
Diseñadores
Estanterías y mostradores
Inversión y ahorro
Mantenimiento de carreteras
Señalización
Técnicas de conservación
Monitores
Iluminación para escaparates
Filatelia
Alternativas energéticas

Tratamiento de textos

Textiles y plásticos

Abonos y fertilizantes

Productos deportivos

Seguridad para tiendas

Zapatos de niño

Juegos y pasatiempos

CHALLENGE

In each case, choose between the alternatives provided.

En años recientes, algunas ferias han iniciado su presencia internacional, (mientras que, para que, después de que) otras emprendieron ese camino hace muchos años. La Exposición Universal de 1888 (estuvo, fue) celebrada en Barcelona y (está, ésta, esta) feria fue el punto de partida para la expansión de la capital catalana. Hoy en día, las Cámaras de Comercio, los Ayuntamientos y otras autoridades locales de las ciudades más importantes (de, en) España trabajan juntos (por, para) desarrollar las ferias de muestras e (aumentar, incrementar, expandir) cada vez más su capacidad ferial. Los trabajos de ampliación que se han (realizado, llevado, puesto) a cabo en los últimos años han contribuido a aumentar la competencia entre las diversas ferias porque las ferias no representan (solo, sólo) una actividad de promoción comercial o industrial. Juegan un papel importante en la economía española, generando riquezas a (pesar, beneficio, fuerza) de todos. Se (proponen, celebran, admiten) ferias en unas veinte ciudades españolas y los (costes, ingresos, gastos) ascienden a unos 200.000 millones de pesetas al año. Los hoteles y restaurantes reciben más clientes. La asistencia del público a espectáculos aumenta. Y todas esas actividades ofrecen trabajo a una enorme gama de personas.

USEFUL VOCABULARY AND EXPRESSIONS

Trade fairs and exhibitions

el recinto ferial	trade fair site
una feria de muestras	trade fair
un certamen	trade exhibition, show
una exposición	exhibition
el salón	hall
la sala de exposiciones	exhibition hall
los expositores	exhibitors
un stand	stand
un pabellón	section of stands
un patrocinador	sponsor
un aparcamiento	car park
Informaciones	Enquiries
la clientela	clientele
los visitantes	visitors
las entradas de favor	complimentary tickets
las muestras	samples
un obsequio	gift

¿Qué incluye el precio de un stand?	What is included in the price of a stand?
Quisiera reservar un stand.	I'd like to book a stand.
el día dedicado a los comerciantes	trade day
el equipamiento	equipment
Necesitamos reflectores/tomas de corriente.	We need spotlights/power points.
¿Tiene una sala de conferencias disponible?	Do you have a conference room available?
¿Con qué facilidades cuenta su centro de conferencias?	What facilities does your conference centre have?
Necesitamos un retroproyector/ un tablero de hojas/un vídeo.	We need an OHP/a flipchart/ a video.
¿Pueden ustedes suministrar café para 400 delegados?	Can you supply coffee for 400 delegates?

BACKGROUND NOTES

Trade fairs

Trade fairs in Spain are big business. In 1979 there were only 41 events. Only a decade later, this total had risen to over 200 a year. It has been estimated that the indirect income generated by trade fairs in 1991 was 185,000 million pesetas, with an additional 1,000,000 million pesetas spent on related transport and hotels.

The trade fair sector provides permanent employment for 1,000 people and can generate up to 7,000 temporary jobs. Madrid (IFEMA), Barcelona, Bilbao, Valencia (FMI) and Seville are the key venues for a whole range of international trade fairs. Trade fairs are run by *instituciones feriales* which are affiliated to the *Asociación de Ferias Españolas* (AFE). Typically, the Consejo de Administración would have included representatives from the town council, the regional government and the local Chamber of Commerce. However, some private organizations have now been set up and these function independently.

Palacio de Exposiciones y Congresos de Sevilla
Sevilla Este - Apartado 4016 Tel: 95 4675140 Fax: 95 4675350.

Fira de Barcelona
Avda Reina María Cristina, s/n, 08004 Barcelona Tel: 93 423 31 01
Fax: 93 423 86 51

Feria Muestrario Internacional de Valencia (FMI)
Nuevo palacio ferial, Avenida de las ferias, s/n 46080 Valencia
Apartado 476, 46080 Valencia Tel: 96 364 00 11/364 10 11

Madrid: Recinto ferial Casa de Campo
Avda de Portugal, s/n, 28011 Madrid Tels: 91 470 10 14/91 479 52 35
Fax: 91 464 3326

Madrid (IFEMA)
Avenida Portugal, s/n, 28011 Madrid 91 470 10 14 Aptdo. Correos
11011 Fax: 470 2812 Information line Tel: 722 51 80/722 50 00 Fax:
722 58 01

Feria Muestrario Internacional de Bilbao
Apartado 468, 48080 Bilbao Tel: 94 442 54 00, 441 75 00/441 67 00
Fax: 94 442 42 22

KEY

EXERCISE 16.1

1   Se celebra FIEO en el Recinto Ferial de IFEMA en la Casa de
    Campo, Madrid.
2   Durante las jornadas profesionales, la taquilla abre a las 3.00 de la
    tarde.
3   Hay que presentar su invitación o acreditar su identidad.
4   Termina el 22 de noviembre.
5   Hay unos pabellones dedicados al diseño y confort en la oficina.
6   No. Los domingos abre desde las 10 hasta las 3. Está cerrado por
    la tarde.
7   No. Está prohibido la entrada a menores de 18 años.

EXERCISE 16.2

1   No la lleve.
2   Apáguelo.

3 Pídalo.
4 No los olvidéis.
5 Devuélvanlas.
6 No los compres.

EXERCISE 16.3

1 Si quiere más información, pida un folleto.
2 Si van/asisten a la feria, visitarán el nuevo pabellón.
3 Si ella llega tarde, nos llamará desde el aeropuerto.
4 Si asistimos al congreso en Londres, podemos ver la exposición.
5 Si alquilo un coche, costará más/será más costoso.
6 Si necesitáis reservar una habitación, no olvidéis contactarnos.

EXERCISE 16.4

1 Abrid las cartas que llegaron ayer.
2 Llamen a la oficina.
3 Cerrad las ventanas en su oficina.
4 Escriban en español.
5 Tened cuidado con los nuevos coches.
6 Analicen los resultados del sondeo.
7 Venid a la reunión mañana.
8 Bebed menos cerveza.
9 Haced una copia de estos documentos.
10 Recojan aquellos papeles.

EXERCISE 16.5

1 No instales el equipo en la sala de reuniones.
2 No hablen con el Director de Ventas.
3 No entregue todos los documentos al jefe.
4 No remitan el dinero en seguida.
5 No busquéis las palabras en el diccionario.
6 No haga las fotocopias ahora.
7 No pongas las carpetas en la silla.
8 No volváis después de almorzar.

EXERCISE 16.6

1 Les hemos dicho que propongan un nuevo presupuesto.
2 Les han ordenado que conduzcan más despacio.
3 Les ha sugerido que reduzcan los gastos generales.
4 Les he recomendado que tengan cuidado.
5 Les he pedido que devuelvan el dinero cuanto antes.

VOCABULARY EXTRA

EXPO/OCIO Feria del Tiempo Libre
Productos deportivos
Coleccionismo
Juegos y pasatiempos
INFOMAT Salón Internacional de la Informática
Impresores
Tratamiento de textos
Monitores
TRAFFIC Salón Internacional de la Seguridad Vial
Equipos para aparcamiento
Mantenimiento de carreteras
Señalización
MODATEC Feria Internacional de Moda y Calzado
Textiles y plásticos
Diseñadores
Zapatos de niño
EQUIPAL Salón Internacional para el Equipamiento Comercial
Estanterías y mostradores
Seguridad para tiendas
Iluminación para escaparates
EUROFRUIT Salón Internacional de la Fruta
Maquinaria agrícola
Abonos y fertilizantes
Técnicas de conservación
EXTRAS
Calefacción en la vivienda Inversión y ahorro Alternativas energéticas

CHALLENGE

mientras que
fue
esta
de
para
incrementar
llevado
sólo
beneficio
celebran
ingresos

Unit Seventeen

Finance

SETTING THE SCENE

The dialogues in this unit focus on investment, and in the Background section, there are details about the Spanish banking system and the Stock Exchange. There is also the chance to find out something about the intriguing subject of astroeconomics in the Challenge section. The unit begins with a radio report about a new regional investment scheme.

Hoy, Felipe Cortés, director del Instituto de Fomento Regional, anunció una nueva serie de medidas para impulsar el desarrollo de varias regiones españolas. El señor Cortés les pidió a las empresas que apoyaran esta iniciativa importante y les aconsejó que se informaran sobre los beneficios considerables ofrecidos por el programa. En una entrevista esta tarde, explicó más detalladamente el nuevo plan de inversión.

Entrevistadora	Con el nuevo plan, el Instituto de Fomento Regional ofrecerá toda una serie de incentivos a las empresas inversoras. ¿Por qué? ¿Cuál es el objetivo del programa?
Sr. Cortés	Nuestro objetivo es que se corrijan los desequilibrios económicos y sociales entre las regiones, especialmente en lo que se refiere a renta y paro. También esperamos que se favorezca la integración entre los sectores de la producción y que se impulse el desarrollo regional apoyando a las PYMES. Finalmente creemos importante que se propicie el desarrollo de las empresas a un nivel adecuado.
Entrevistadora	¿En qué consistiría la ayuda para los inversores?
Sr. Cortés	Esperamos que la ayuda que se ofrezca sea en términos de una subvención que podría llegar hasta el 40 por ciento de la inversión. Los principales sectores que se incluirían serían las industrias extractivas,

agroalimentarias y conserveras y los establecimientos
de alojamiento hotelero y campamentos.

TRANSLATION

Today, Felipe Cortés, the director of the Institute for Regional
Development, announced a new series of measures to encourage development in several Spanish regions. Mr. Cortés asked companies to
support this important initiative and advised them to find out about
the considerable benefits offered by the programme. In an interview
this afternoon, he explained the new investment plan in more detail.

Interviewer	With the new plan, the Institute of Regional Development will offer a whole range of incentives to firms which invest. Why? What is the objective of the programme?
Sr. Cortés	Our objective is to correct the economic and social inequalities between the regions, especially with regard to income and unemployment. We also hope that it will help integrate the production sectors and encourage regional development by supporting the SMEs. Finally we think it is important that the development of companies is brought to an adequate level.
Interviewer	What form does the aid for investors take?
Sr. Cortés	We hope that the aid which will be offered will be in terms of a subsidy which would cover up to 40% of the investment. The main sectors which would be included would be mining, food production and canning industries, and hotels and campsites.

GRAMMAR AND LANGUAGE IN CONTEXT

Verbs: Imperfect subjunctive

Like the present subjunctive, the imperfect subjunctive is required in
Spanish with particular constructions. Two distinct sets of endings for
this tense can be used:

trabajar	vender	vivir
trabajara	vendiera	viviera
trabajaras	vendieras	vivieras
trabajara	vendiera	viviera
trabajáramos	vendiéramos	viviéramos
trabajarais	vendierais	vivierais
trabajaran	vendieran	vivieran
trabajase	vendiese	viviese
trabajases	vendieses	vivieses
trabajase	vendiese	viviese
trabajásemos	vendiésemos	viviésemos
trabajaseis	vendieseis	vivieseis
trabajasen	vendiesen	viviesen

Either set of endings can be used and their meanings are identical. The imperfect subjunctive of irregular verbs is formed by taking the third person plural of the preterite tense of the verb and removing the ending to find the appropriate stem:

ir	fueron	fuera or fuese

The imperfect subjunctive is always used after the preterite:

Les pidió a las empresas que apoyaran/apoyasen esta iniciativa.
He asked the companies to support this initiative.

It must also follow the imperfect:

Era importante que comprara/comprase la nueva edición del libro.
It was important that s/he bought the new edition of the book.

EXERCISE 17.1

Fill in the blanks with the correct form of the imperfect subjunctive.

1 Me pidieron que _____ (seguir) las instrucciones.
2 Querían que yo _____ (dar) la respuesta en seguida.
3 Era bueno que _____ (decir) lo que pensabas.
4 Era necesario que ellos _____ (estar) preparados.

5 Me dijeron que _____ (hacer) un estudio del mercado.
6 Les sugirió que _____ (proponer) un nuevo presupuesto.
7 Me ordenaron que_____ (ser) más responsable.
8 Era una lástima que yo no _____ (tener) el tiempo de asistir.
9 Era importante que ellos _____ (saber) hablar alemán.
10 Me aconsejaron que no _____ (intervenir) en el debate.

DIÁLOGO UNO

Dos inversores – el señor Campoy y la señora Barros – están reunidos con una firma de consultores para decidir la mejor forma de realizar una inversión a nivel regional obteniendo las ayudas e incentivos que ofrecen las autoridades encargadas del desarrollo regional.

Consultor	Yo les recomendaría que se plantearan como objetivo instalar empresas en los parques tecnológicos. Sería también recomendable que se incluyesen procesos de investigación y desarrollo, que se incorporase alta tecnología y que se dinamizara el sector de la producción.
Sr. Campoy	¿Qué habría que hacer?
Consultor	Les recomendaría que solicitaran una subvención que cubra entre el cuarenta y el cincuenta por ciento de la inversión, que es el máximo que se otorga. Luego una solicitud que incluyera propuestas para la creación de empleo tendría muchas posibilidades de éxito.
Sra. Barros	¿Habría que hacer hincapié en algún aspecto en particular?
Consultor	En mi opinión, sería mejor que incluyera propuestas que alentaran el empleo de la mujer, la contratación de trabajadores mayores con desempleo prolongado y la integración laboral del minusválido.

TRANSLATION

Two investors – Sr. Campoy and Sra. Barros – are meeting with a firm of consultants to decide the best way of investing at regional level, by obtaining assistance and incentives which the authorities responsible for regional development offer.

Consultant   I would recommend that you establish as an objective the setting up of firms in technological parks. It would also be advisable to include research and development processes, to incorporate high technology, and to revitalize the production sector.

Sr. Campoy   What do we have to do?

Consultant   I would recommend that you ask for a subsidy which would cover between 40 and 50% of the investment, which is the maximum that is given. So an application which was to include proposals for the creation of employment would be very likely to succeed.

Sra. Barros   Should any aspect in particular be emphasized?

Consultant   In my opinion, it would be better to include proposals that would encourage employment of women, the employment of long-term unemployed older workers and the integration of the disabled into the workforce.

GRAMMAR AND LANGUAGE IN CONTEXT

Imperfect subjunctive with the conditional tense

The imperfect subjunctive can also be used in sentences in which the conditional tense is used, as seen in the consultant's recommendations made in the dialogue:

Yo les recomendaría

- que se plantearan como objetivo instalar empresas en los parques tecnológicos
- que se incluyesen procesos de investigación y desarrollo
- que se dinamizara el sector de la producción.

I would recommend

- that you establish as an objective the setting up of firms in technological parks

– that research and development processes be included
– that the production sector be revitalized.

In the following exercises, you will come across a whole series of phrases which can be used when making a recommendation or giving advice. Make a careful note of these as you will find them very useful.

EXERCISE 17.2

Following the consultant's advice, Sr. Campoy and Sra. Barros discuss the idea of moving companies to an industrial estate and compare notes on what would be required from a new location. Fill in the blanks with the correct form of the imperfect subjunctive.

Sr. Campoy	Primero, sería imprescindible que el parque _____ (reunir) todos los requisitos de una empresa exportadora, es decir que _____ (estar) cerca de un puerto marítimo y que _____ (tener) una infraestructura vial apropiada.
Sra. Barros	Y además, sería una buena idea que _____ (disponer) de áreas para exposición. Yo creo que los directores esperarían que se _____ (incluir) aparcamiento adecuado y aire acondicionado en las oficinas.
Sr. Campoy	Sí. También sería aconsejable que el parque _____ (ofrecer) servicios de mensajería.
Sra. Barros	Posiblemente los trabajadores pondrían una condición más: que el parque _____ (contar) con servicios de seguridad.
Sr. Campoy	Estoy de acuerdo. Supongo que para todos los directores lo más importante sería que no _____ (ser) demasiado costoso instalarse en el parque.
Sra. Barros	Sí. Debemos considerar la cuestión de financiación antes de todo.

EXERCISE 17.3

An environmental business consultant has made the following suggestions for ways in which a company can improve their green credibility. Fill in the blanks with the correct form of the infinitives given below.

1   Sería recomendable que _____ papel reciclable y además que _____ las fotocopias por ambos lados del papel.
2   Sería mejor que _____ plantas en todas las oficinas.
3   Les aconsejaría que _____ el sistema de aire acondicionado todos los años.
4   Les recomendaría que _____ mejor el consumo de energía.
5   Sería mejor que _____ el actual sistema de calefacción por un sistema más éficaz.
6   Les recomendaría que _____ un aprovechamiento más racional de los recursos.

poner   buscar   controlar   comprar   hacer   revisar   sustituir

EXERCISE 17.4

Two economic analysts are discussing the latest financial news. Match Rafael's observations to Susana's probable replies.

Rafael:
1   El Fondo Monetario indica que deben bajar los tipos de interés de Alemania.
2   El Presidente ha dicho que la inversión no sobrepasará los 200 millones de pesetas.
3   Los bancos tendrán este año doce mil millones más de beneficios.
4   Según lo que dicen, la Compañía Telefónica ha perdido varios clientes importantes este año.
5   Varias compañías españolas están invirtiendo en empresas eléctricas de Venezuela y Chile.
6   Cada vez se gasta más en pensiones. El gobierno quiere reformar el sistema.

Susana:
a   En mi opinión, lo mejor sería que lo privatizara.
b   Actualmente es un sector en gran expansión en América Latina y ofrece muchas oportunidades.
c   Ya lo sé, pero él tendrá que revisar estas previsiones dado el índice proyectado de inflación.
d   Claro. Una rebaja de las tasas allí beneficiaría al resto de Europa.
e   Es el resultado de la liberalización. Tendrá que revisar las tarifas que cobra a los usuarios.
f   Evidentemente es un buen momento para este sector.

CHALLENGE

Your boss, who reads only a little Spanish, was intrigued by the title of an article he saw while skimming through a financial newspaper he picked up in Spain.

ASTROECONOMÍA: LA ERA DE ACUARIO

La astroeconomía estudia la correlación entre ciclos planetarios y ciclos económicos y según los astroeconomistas, la llegada de la era de Acuario traerá grandes cambios en la esfera comercial y financiera. Las exportaciones estarán afectadas negativamente en el primer semestre del año y es muy probable que haya una devaluación de la peseta. Habrá que esperar muchas protestas sindicales. Los conflictos nacionales en las sociedades menos desarrolladas aumentarán y los cambios continuarán en la Europa del Este, afectando a la Comunidad Europea que entrará en una época especialmente difícil. La economía de los EEUU experimentará una contracción. A largo plazo, sin embargo, habrá posibilidades de ganar dinero en bolsa.

He has asked you to give him a translation immediately, so there is no time to go and get your dictionary. Try to translate the passage without any help, as quickly and as accurately as possible.

USEFUL VOCABULARY AND EXPRESSIONS

Banking and finance

un cajero automático/permanente	cash dispenser
una cuenta corriente/a la vista	current account
una cuenta de ahorros	savings/deposit account
una letra de cambio	bill of exchange
una transferencia bancaria	Bank Giro Credit Transfer
un cheque bancario	banker's draft
un talón	cheque
un talonario de cheques	cheque book
una orden de pago	standing order
enviar/transferir dinero	to send/transfer money
abrir una cuenta	to open an account
cancelar una deuda	to cancel a debt
cobrar un cheque	to cash a cheque

una sucursal	branch
el saldo	balance
un extracto	statement
un préstamo	loan
el tipo de interés	rate of interest
un consejero de finanzas	financial advisor
realizar una inversión	to make an investment
los accionistas	shareholders
los bonos convertibles en acciones	convertible bonds
la emisión de acciones	share issue
los fondos de inversión	investment funds
los títulos	securities
las acciones	shares
las cotizaciones de apertura/clausura	opening/closing prices
la auditoría	auditing
un mercado bajista	bear market
un mercado alcista	bull market
un agente de cambio	broker
un corredor de comercio	authorized dealer

BACKGROUND NOTES

The banking system

The *Banco de España*, Spain's central bank, was founded in 1829 and nationalized in 1962, with agents in London and Paris. Since the seventies, the Banco de España has played an increasingly important role in managing monetary policy, encouraging growth, determining interest rates and supervising the banking system. The *Corporación Bancaria*, established by the Banco de España, played a key role during the Spanish banking crisis of the late seventies and early eighties, when 51 banks collapsed in the space of six years. Another of the central bank's most difficult tasks has been to attempt to bring the Spanish rate of inflation (running at more than 24% in 1977) into line with that of other EU countries. It has certainly succeeded in greatly reducing the gap between Spain and her major trading partners.

The biggest Spanish banks include *Banco Bilbao-Vizcaya* (BBV), *Banesto, Banco Central, Banco Popular, Banco Hispano Americano* and *Banco Santander*. The Royal Decree of 24th June 1978 allowed foreign banks to set up in Spain but strictly limited their funds, numbers of offices and securities portfolio. By 1991, there were some 49 foreign banks operating in Spain. Most are involved in corporate finance, providing specialized services. Generally, the foreign banks did not benefit as significantly from the consumer boom as their Spanish counterparts, due to controls and restrictions on their growth within the Spanish market.

In 1988, Spanish banks were the most profitable in the EU, but since they have some of the highest interest rates of all the European banks they must be wary of the competition which they will face from foreign banks post-1993. It is expected that EU deregulation will make competition sharp and will bring about significant changes in the banking system.

Savings banks (*cajas de ahorros*) are also an important banking institution in Spain, comparable to British building societies. Most have regional or local origins like La Caixa de Barcelona and Cajamadrid.

Banco de España, Alcalá 50, 28014 Madrid Tel: 34 1 4469055 Fax: 34 1 5216356

Stock exchanges (Bolsas de comercio)

The oldest of the Spanish stock exchanges was founded in 1831 in Madrid. This was followed by Bilbao in 1890 and Barcelona in 1915. More recently, the growth of regional autonomy has led to the formal recognition of an exchange in Valencia in 1980. All these stock exchanges were linked by computer in April 1989. A supervisory body was set up in 1988 and the stock market was deregulated in July 1989, with individual stockbrokers being replaced by brokerage houses. About three-quarters of the business is still carried out in Madrid. Until comparatively recently, the volume of stock exchange transactions in Spain was comparatively small for a variety of reasons, including the number of small Spanish businesses, the need for financial reforms and the lack of investment opportunities. Improved market facilities, and Spain's general economic and political progress since 1975, should bring this activity into line with that of other EU countries.

Bolsa de Madrid
Palacio de la Bolsa, Plaza de la Lealtad 1, Madrid
Tel: 34 1 589 2600
Sistema de Información Bursátil (SIB)
Bolsa Oficial de Comercio de Madrid
Plaza de la Lealtad 1, 28014 Madrid
Tel: 34 1 521 4790 ext. 335

Development agencies

A number of agencies have been set up in Spain's more rural autonomous communities to promote industrial development and agricultural reform. These include SODIEX in Extremadura, SODIGA in Galicia and a host of organizations in Andalusia (IARA, IFA, SODIAN, SODICAN and SOPREA). Madrid, too, has its own development association, known as IMADE.

KEY

EXERCISE 17.1

1   siguiera/siguiese
2   diera/diese
3   dijieras/dijieses
4   estuvieran/estuviesen
5   hiciera/hiciese
6   propusieran/propusiesen
7   fuera/fuese
8   tuviera/tuviese
9   supieran/supiesen
10 interviniera/interviniese

EXERCISE 17.2

reuniera/reuniese
estuviera/estuviese
tuviera/tuviese
dispusiera/dispusiese

incluyera/incluyese
ofreciera/ofreciese
contara/contase
fuera/fuese

EXERCISE 17.3

1   compraran/comprasen hicieran/hiciesen
2   pusieran/pusiesen
3   revisaran/revisasen
4   controlaran/controlasen
5   sustituyieran/sustituyiesen
6   buscaran/buscasen

EXERCISE 17.4

1   d
2   c
3   f
4   e
5   b
6   a

CHALLENGE

Astroeconomics: the age of Aquarius

Astroeconomics studies the correlation between planetary cycles and economic cycles, and according to the astroeconomists the arrival of the age of Aquarius will bring great changes in the business and financial sphere. Exports will be negatively affected in the first quarter of the year and it is very likely that there may be a devaluation of the peseta. Many union protests are to be expected. National conflicts in the less developed societies will increase and changes will continue in Eastern Europe, affecting the EC which will enter an especially difficult period. The US economy will contract. In the long term, however, there will be possibilities of earning money on the Stock Exchange.

Unit Eighteen

Industrial relations

SETTING THE SCENE

Here we look at industrial relations from two perspectives. First, a general examination of the changing role of trade unions in today's society, prompted by the coverage of a trade union congress taking place in Madrid. Then we focus on a more specific aspect of the topic, as a manager and a union negotiator attempt to put an end to an industrial dispute by reaching an agreement which is acceptable to both parties. The unit begins with a report on events at the congress.

REPORTAJE 1

Presentadora   Hoy empezó en Madrid el congreso sindical, denominado «Hacia el año 2000». El congreso examinará el papel cambiante del sindicalismo en la sociedad actual. Sin embargo, actualmente el debate se concentra en la posible sustitución del líder actual, Juan Antonio Fidalgo. Fidalgo, que tiene 63 años, lleva casi 25 años como el presidente de la organización sindical y al menos oficialmente, el sindicato apoya a su secretario general. Pero según los resultados de un sondeo realizado hace dos meses, Fidalgo sólo cuenta con un respaldo en el sindicato de entre el 20 por ciento y el 25 por ciento. Y en el debate esta mañana, los delegados han votado en contra de la nueva política pilotada por Fidalgo. Según Manuel Prieto, portavoz del sindicato, esta decisión fue tomada después de un análisis exhaustivo. Un experto en relaciones laborales, Santiago Díaz, asegura que el momento de Fidalgo ha pasado: «La organización necesita una persona nueva y con ideas modernas, capaz de representar al sindicato en el futuro».

EXERCISE 18.1

a   Find words or phrases in the passage which are similar in meaning to those given below. The words and phrases do not appear in the same order as they do in the original text.

1   propuesta por
2   reemplazo
3   encuesta
4   llamado
5   perito
6   respalda
7   examinará
8   actual

b   Now find words or phrases in the passage which are opposite in meaning to those given below. Again, the words do not appear in the same order as they do in the original text.

1   anticuadas
2   han aprobado
3   terminó
4   pasado
5   superficial
6   de modo extraoficial

REPORTAJE 2

Presentadora   A continuación, presentamos una entrevista con Santiago Díaz, experto en relaciones laborales y autor del libro *Los sindicatos españoles: el futuro.*

Entrevistador   Según lo que ha escrito, usted opina que los sindicatos han jugado un papel determinante en la historia reciente de España . . .

Sr. Díaz   Sí. En una primera etapa, tras su legalización, fueron un factor importante de estabilidad democrática. Luego, durante los últimos años, se ha producido un mayor autonomía de los sindicatos. Y debido en parte a esta mayor independencia, han pasado por un período de enfrentamiento con el poder. Han sido

	cada vez más críticos con el gobierno socialista y con su política neoliberal. A lo largo de los ochenta, había una serie de huelgas y enfrentamientos que demostró la fuerza del sindicalismo. Los sindicatos hasta llegaron a paralizar todo el país en varias ocasiones.
Entrevistador	Pero los tiempos han cambiado y no son pocos los que proclaman la llegada del final definitivo del sindicalismo. ¿Cree usted que en un mundo dominado por multinacionales y recesión económica los sindicatos pueden tener un futuro?
Sr. Díaz	En su forma actual, no. Pero en mi opinión, en el futuro veremos un replanteamiento del papel de los sindicatos. Tendrán que adaptarse a nuevas condiciones sociales y laborales. En el pasado, los sindicatos intentaron proteger la calidad de vida para la base mediante reivindicaciones salariales. Pero la defensa del nivel de la vida de los trabajadores va a depender tanto de la negociación colectiva con la patronal como de otros factores como la tecnología, los recursos, etcétera. Los nuevos sindicatos ayudarán a crear una nueva cultura que posibilite la adaptación de la mano de obra a la nueva situación económica mediante el reciclaje y la formación.
Entrevistador	Una pregunta más. Se ha hablado hoy en el congreso de la posibilidad de crear una Confederación Europea de Trabajadores. ¿Usted cree que el sindicalismo a escala europea será posible?
Sr. Díaz	Personalmente estoy convencido de que a largo plazo se camina hacia grandes confederaciones paneuropeas. A corto plazo, sin embargo, no será el objetivo central de los sindicatos españoles. Eso sería sobrevivir la crisis actual.

TRANSLATION

Presenter	Next, we present an interview with Santiago Díaz, an expert in industrial relations and the author of the book *Spanish Unions: the Future*.

Interviewer	According to what you have written, you think that the unions have played a crucial role in the recent history of Spain . . .
Sr. Díaz	Yes. In the early period, after their legalization, they were an important factor in democratic stability. Then, during recent years, there has been a greater autonomy for unions. And partly due to this greater independence, they have gone through a period of conflict with the authorities. They have been increasingly critical of the Socialist government and of its neoliberal policies. Throughout the eighties, there was a series of strikes and conflicts which showed the strength of trade unionism. The unions even managed to bring the whole country to a standstill on several occasions.
Entrevistador	But times have changed and many people are proclaiming the arrival of the end of trade unionism. Do you think that in a world dominated by multinationals and economic recession unions can have a future?
Sr. Díaz	In their current form, no. But in my opinion, in the future we will see a reassessment of the role of the unions. They will have to adapt to new social and working conditions. In the past, unions tried to protect the quality of life for their members by means of salary claims. But defending the standard of living for workers is going to rely on collective bargaining with the management as much as on other factors like technology, resources and so on. New unions will help to create a new culture which will make it possible for the workforce to adapt to the new economic situation by means of retraining.
Entrevistador	One more question. Today in the Congress there has been talk of the possibility of creating a European Confederation of Workers. Do you believe that trade unionism on a European scale will be possible?
Sr. Díaz	Personally I'm convinced that in the long term there is a move towards large pan-European confederations. In the short term, however, it will not be the main objective for Spanish unions. This will be to survive the current crisis.

GRAMMAR AND LANGUAGE IN CONTEXT

Cada vez más

This phrase can be used in a variety of contexts and is normally translated as 'increasingly' or 'more and more'.

El papel de esta organización es cada vez más importante.
This organization's role is increasingly/more and more important.

The opposite to this expression is *cada vez menos*.

Cada vez menos consumidores compran este producto.
An ever-decreasing number of consumers buy this product.

Tanto como

Note the following comparisons:

La fábrica produce tanto como sus competidores.
The factory produces as much as its competitors.
(Verb + *tanto como* + noun)

Este componente es tan ancho como el otro.
This component is as wide as the other.
(*Tan* + adjective + *como* +   )

El modelo ecológico no funciona tan bien como el anterior.
The environmentally-friendly model does not run as well as the previous one.
(*Tan* + adverb + *como*   )

Este sector no tiene tanto poder como antes.
This sector does not have as much power as it used to have.

Carolina habla tantas lenguas como Juanita.
Carolina speaks as many languages as Juanita does.
(*Tanto, tanta, tantos, tantas* + noun + *como*   )

EXERCISE 18.2

Translate the following sentences.

1 This project is as costly as the previous one.
2 Carlos has as much experience as Asunción.
3 The situation is increasingly serious.
4 Greece does not have as many universities as Spain.
5 American tourists do not spend as much as they used to.
6 The new representative does not sell as much as his colleagues.
7 An ever-decreasing number of clients use this service.
8 This system runs as efficiently as the other one.

DIÁLOGO UNO

La señora Meza, representante sindical, y el señor Celaya, jefe de personal, están intentando prevenir una huelga programada por los sindicatos.

Sra. Meza	Si nos ofrecieran un aumento general de 4 ó 4,5 por ciento, entonces, suspenderíamos la huelga. El ofrecimiento actual del 2,5 por ciento no es suficiente y los trabajadores sin duda rechazarán esta oferta de la empresa.
Sr. Celaya	Difícilmente se podrá mejorar la oferta hasta el nivel que sugiere el sindicato. Si los delegados sindicales se mostraran más flexibles en cuanto al incremento salarial, quizás podríamos hacer ajustes en las condiciones de trabajo.
Sra. Meza	Si las propuestas concretas de la patronal sobre mejoras de las condiciones de trabajo fueran más amplias y abarcaran entre otros aspectos seguridad e higiene, entonces se podría ver la posibilidad de reducir la cifra mencionada anteriormente.
Sr. Celaya	Los puntos incluidos en nuestra propuesta con relación a las condiciones de trabajo son varios e incluyen una serie de aspectos relacionados con la higiene. Podríamos estudiar algunas posibles mejoras en la seguridad, aunque se debe aceptar que nuestra trayectoria está libre de accidentes de trabajo.

Sra. Meza	Si se tuviera mayor consideración por nuestra organización sindical, se reconocería que la ausencia de accidentes de trabajo se debe a las continuas campañas de nuestro sindicato para que se cumplan y hasta se superen las normas de seguridad establecidas por ley.
Sr. Celaya	Si ustedes señalan concretamente qué propuestas tienen en el campo de la seguridad, creo que se podría estudiar la posibilidad de atender dichos puntos, si caen dentro de lo razonable.
Sra. Meza	Los planteamientos del sindicato siempre han sido razonables. Las propuestas referentes a la seguridad están contenidas en este documento en el que se han resaltado las que tienen prioridad. Yo les pediría que las analicen junto con los demás puntos pendientes y que nos reunamos nuevamente mañana por la mañana.

TRANSLATION

Señora Meza, the union representative, and señor Celaya, the head of personnel, are trying to avoid a strike planned by the unions.

Sra. Meza	If they were to offer us a general rise of 4 or 4.5%, then we would call off the strike. The current offer of 2.5% is not sufficient and the workers will undoubtedly reject this offer by the firm.
Sr. Celaya	It would be difficult to improve the offer to the level that the union suggests. If the union representatives were to be more flexible regarding the salary increase, perhaps we could make adjustments to the working conditions.
Sra. Meza	If the concrete proposals by the management about the improvements to working conditions were broader and were to cover among other aspects safety and hygiene, then we could possibly reduce the figure mentioned previously.
Sr. Celaya	There are various points included in our proposal in relation to working conditions and they include a

series of aspects related to hygiene. We could study some possible improvements in safety, although it must be accepted that there have not been any work accidents so far.

Sra. Meza   If there were greater consideration for our union, it would be recognized that the lack of work accidents is due to continuous campaigning by our union to meet and even better the safety norms established by law.

Sr. Celaya   If you say specifically what proposals you have in the area of safety, I think that we could look at the possibility of seeing to the aforementioned points as long as they are reasonable.

Sra. Meza   The union's proposals have always been reasonable. The proposals referring to safety are contained in this document in which those which have priority have been highlighted. I would ask you to analyse these along with the other outstanding points and that we meet again tomorrow morning.

GRAMMAR AND LANGUAGE IN CONTEXT

Hypothetical conditional sentences

The dialogue above is filled with examples of hypothetical conditional sentences, that is, sentences of this type:

Si nos ofrecieran un aumento, suspenderíamos la huelga.
If they were to offer us a rise, we would call off the strike.

The grammatical structure in sentences of this kind is:

Si + imperfect subjunctive + conditional

Of course, the clauses may not always be in the same order:

Si tuviera dinero, compraría un nuevo piso.
If I had the money, I would buy a new apartment.

Compraría un nuevo piso, si tuviera dinero.
I would buy a new apartment, if I had the money.

However, in each case, *si* is followed by the imperfect subjunctive.

EXERCISE 18.3

Fill in the blanks with the correct form of the verb in brackets.

1 Si la patronal _____ (reducir) la plantilla, _____ (haber) una huelga.
2 Si ustedes _____ (aumentar) la producción, esto _____ (evitar) la clausura de la fábrica.
3 _____ (Bajar) el número de parados, si el gobierno _____ (invertir) más dinero.
4 Si los trabajadores _____ (optar) por la congelación salarial, la patronal _____ (garantizar) el futuro de la empresa.
5 Si vosotros _____ (adoptar) el nuevo sistema, _____ (traer) enormes beneficios para todos.
6 La compañía _____ (pagar) una compensación a todos los afectados, si _____ (estar) dispuestos a trasladarse.
7 Si el jefe _____ (ofrecer) mejores condiciones de trabajo, nosotros _____ (firmar) el nuevo acuerdo.
8 Si la administración _____ (ser) más flexible, los obreros _____ (poner) fin al encerrado.

EXERCISE 18.4

Translate these sentences.

1 If I had the money, I'd go to Paris this year.
2 He would save more, if the boss increased his salary.
3 If the products cost less, you (usted) would sell more.
4 If you (tú) followed these instructions, you would not have any problems.
5 It would not be so difficult, if we used the new programme.

CHALLENGE

Fill in the blanks in the passage below. In each case, the first letter of the missing word has been provided to give you some assistance.

S _____ (1) los autores de un estudio sobre las relaciones
l _____ (2), actualmente se está produciendo una revisión

del p _____ (3) del sindicalismo en todo el mundo, sobre todo en los países de Europa donde el sistema sindical tradicional ha ido p _____ (4) terreno. Según estos académicos, a lo l _____ (5) de los ochenta, los sindicatos europeos e _____ (6) a experimentar dificultades y su fuerza disminuyó de f _____ (7) significativa debido a f _____ (8) como la pérdida de imagen y el clima político dominante. Hubo t _____ (9) un descenso en las tasas de afiliación (más acentuado en Francia y España y en tendencia contraria s _____ (10) en Dinamarca y Sueca). Al mismo tiempo, se apreció una baja en el número de h _____ (11) y número de días de t _____ (12) perdidos. Este fenómeno fue especialmente notable en España, Holanda, Bélgica, Gran Bretaña y Dinamarca. Se notó la m _____ (13) tendencia en Italia y Alemania. Sin e _____ (14), había a _____ (15) acontecimientos excepcionales como la huelga general en España de 1988.

USEFUL VOCABULARY AND EXPRESSIONS

Industrial relations

las relaciones laborales	industrial relations
los sindicatos	trade unions
las federaciones	federations
los gremios	guilds/trade associations
los afiliados/la base	members
buscar un acuerdo	to seek an agreement
abrir el diálogo con los sindicatos	to start talks with the unions
los convenios colectivos	collective agreements
la negociación colectiva	collective bargaining
ofrecer compensación	to offer compensation
firmar un pacto/acuerdo	to sign an agreement
pedir un aumento de salario	to ask for a pay rise
la congelación de salarios	wage freeze
la estructura de salarios	salary structure
los sueldos	salaries
la extra/prima	bonus
la patronal	management
rechazar	to reject
declarar la huelga	to come out on strike

estar en huelga	to be on strike
un huelguista	striker
un encerrado	sit-in
estar parado/en paro	to be unemployed
los parados	the unemployed
el paro	unemployment
cobrar el paro	to claim unemployment benefit
reducir la plantilla	to reduce the workforce
el despido	dismissal
la jubilación anticipada	early retirement
el finiquito	notice of termination of contract
una gratificación	ex gratia payment
la antigüedad	length of service
la baja maternal	maternity leave
la baja por enfermedad	sick leave
la jornada laboral	working day
el turno	shift

BACKGROUND NOTES

Unions

The two main unions are Confederación Sindical de Comisiones Obreras (CC.OO.) and the Unión General de Trabajadores (UGT). Traditionally CC.OO had links with the Spanish Communist Party but is now classed as a left-wing independent union, while UGT was associated with the Socialists (PSOE). Other unions include the Confederación General de Trabajo (CGT) and Confederación Nacional de Trabajo (CNT), both anarchist, and the independent unions Eusko Langileen Alkartasuna/Solidaridad de Trabajadores Vascos (ELA/STV) and Unión Sindical Obrera (USO). Although Spain has one of the lowest trade union affiliation rates in Europe, union members showed that they were still capable of paralysing the whole country when a general strike called on 14th December 1988 to protest at the government's policy of wage restraint brought the whole country to a standstill.

KEY

EXERCISE 18.1

1   pilotada por
2   sustitución
3   sondeo
4   denominado
5   experto
6   apoya
7   considerará
8   contemporáneo

1   modernas
2   han votado en contra de
3   empezó
4   futuro
5   exhaustivo
6   oficialmente

EXERCISE 18.2

1   Este proyecto es tan costoso que el anterior.
2   Carlos tiene tanta experiencia como Asunción.
3   La situación es cada vez más grave.
4   Grecia no tiene tantas universidades como España.
5   Los turistas americanos no gastan tanto como antes.
6   El nuevo representante no vende tanto como sus colegas.
7   Cada vez menos clientes utilizan este servicio.
8   Este sistema funciona tan eficazmente como el otro.

EXERCISE 18.3

1   redujera/redujese, habría
2   aumentaran/aumentasen, evitaría
3   bajaría, invirtiera/invirtiese
4   optaran/optasen, garantizaría
5   adoptarais/adoptaseis, traería

6   pagaría, estuvieran/estuviesen
7   ofreciera/ofreciese, firmaríamos
8   fuera/fuese, pondrían

EXERCISE 18.4

1   Si tuviera/tuviese el dinero, iría a París este año.
2   Ahorraría más, si el jefe aumentara/aumentase su salario.
3   Si los productos costaran/costasen menos, vendería más.
4   Si siguieras/siguieses estas instrucciones, no tendrías ningún problema.
5   No sería tan difícil, si utilizásemos/utilizáramos el nuevo programa.

CHALLENGE

1   Según
2   laborales
3   papel
4   perdiendo
5   lago
6   empezaron
7   forma
8   factores
9   también
10 sólo/solamente
11 huelgas
12 trabajo
13 misma
14 embargo
15 algunos

Unit Nineteen

Export and sales

SETTING THE SCENE

As more and more of the boundaries to trade between member states disappear in post-1992 Europe, the business community is taking an increasingly keen interest in establishing trade links. In the final unit, then, we take a general look at the area of export and sales. There is also a chance for you to check your progress with a test. The first dialogue is an interview from an edition of the television programme *El mundo de los negocios* which is focusing on the creation of trade links with other European countries.

DIÁLOGO UNO

Rosa Alonso entrevista a Hipólito de la Cruz, del Instituto de Comercio Exterior o ICEX. El tema de su conversación es la Muestra Internacional de Productos Alimentarios celebrado en Frankfurt, a la que han asistido pocas empresas españolas.

Rosa	¿Qué le pareció la muestra en Alemania?
Hipólito	Estuvo muy buena. Fue una lástima que se presentaran pocas empresas españolas. Si se hubiera logrado una mayor presencia española, habría servido como vehículo a empresas grandes y pequeñas de este sector para dar a conocer sus productos internacionalmente.
Rosa	En su opinión, ¿a qué se debe la baja participación de las empresas españolas?
Hipólito	Unas 50 empresas españolas, entre ellas algunas de las principales del sector, ya se habían comprometido a asistir a una muestra en la capital francesa. Si no hubieran optado por asistir a la feria en París, habrían estado en Frankfurt seguramente.

Rosa	¿Ha sido exitosa la muestra para las empresas que participaron?
Hipólito	Sí, gracias en gran parte a la participación del Instituto de Comercio Exterior. El ICEX preparó material de promoción para todas las empresas y además les proporcionó una aportación económica. Si otras firmas se hubieran animado a participar, el ICEX les habría ayudado de la misma manera.
Rosa	¿Cuál es el mensaje para el futuro?
Hipólito	Hay tres mil empresas de alimentación españolas y hoy en día tienen que competir con todas las otras empresas europeas. A los empresarios que decidieron no tomar parte les recuerdo que si se hubieran presentado, habrían tendido la oportunidad de ponerse en contacto con dos millones de visitantes. Hay que aprovechar una ocasión así . . .

TRANSLATION

Rosa Alonso is interviewing Hipólito de la Cruz, of the Institute of Foreign Trade or ICEX. The topic of the conversation is the International Food Fair held in Frankfurt, which few Spanish companies attended.

Rosa	What did you think about the fair in Germany?
Hipólito	It was very good. It was a pity that only a few Spanish companies were there. If we could have managed a greater Spanish presence, it would have acted as a vehicle for large and small companies in this sector to make their products known internationally.
Rosa	In your opinion, what was the cause of the low participation rate of Spanish companies?
Hipólito	Some 50 companies, among them some of the main ones in the sector, had already promised to attend a fair in the French capital. If they hadn't chosen to attend the fair in Paris, they would certainly have been in Frankfurt.
Rosa	Was the show successful for the companies which took part?

Hipólito	Yes, largely thanks to the participation of the Institute of Foreign Trade. ICEX prepared promotional material for all of them and it provided them with economic help. If other companies had decided to take part, ICEX would have helped them in a similar way.
Rosa	What's the message for the future?
Hipólito	There are three thousand Spanish food companies and today they have to compete with all the other European firms. I would remind all those business people who decided not to take part that if they had participated they would have had the chance to make contact with two million visitors. One has to make the most of such an occasion.

GRAMMAR AND LANGUAGE IN CONTEXT

Hypothetical conditional sentences

In the dialogue we meet another type of conditional sentence in which *si* is followed by the pluperfect subjunctive, for example:

Si la compañía hubiera/hubiese asistido . . .
If the company had attended . . .

However, this type of conditional sentence is unusual in that the concluding clause can be followed by either the conditional perfect:

Si la compañía hubiera asistido a la feria, habría exportado más.
If the company had attended the fair, it would have exported more.
(*Si* + pluperfect subjunctive + conditional perfect)

or the past perfect subjunctive:

Si la compañía hubiera asistido a la feria, hubiera exportado más.
(*Si* + pluperfect subjunctive + pluperfect subjunctive)

However, note that when the pluperfect subjunctive replaces the conditional perfect, the *-ra* form rather than the *-se* form of *haber* must always be used.

EXERCISE 19.1

Fill in the blanks in the following sentences, as shown in the example below:

Si tú _____ (llegar) a tiempo, no _____ (perder) el tren.
Si tú hubieras/hubieses llegado a tiempo, no habrías/hubieras perdido el tren.

1 Si los juguetes _____ (ser) más resistentes, no _____ (romper) tan fácilmente.
2 El gobierno _____ (evitar) la recesión, si _____ (proponer) unas medidas más estrictas.
3 Si usted _____ (abrir) una cuenta corriente, ya _____ (recibir) un talonario.
4 Si el director _____ (analizar) el informe cuidadosamente, _____ (ver) los errores.
5 Si tú _____ (consultar) con el jefe, él _____ (resolver) el problema.
6 Si la recepcionista _____ (hacer) la reserva, la _____ (notar) aquí.
7 Si Luisa _____ (devolver) las carpetas en seguida, no las _____ (perder).
8 Los clientes _____ (entender) la carta, si la secretaria la _____ (escribir) en español.

EXERCISE 19.2

Two colleagues are discussing a recent government initiative. Fill in the blanks with the correct form of the verbs chosen from the list below. In each case, the missing verbs form part of a conditional clause of the type discussed above.

Paco	¿Sabías que el gobierno va a dar una ayuda de un millón de pesetas a los que cambien su coche por uno nuevo?
José	Sí, pero se exige una antigüedad de 10 años en el coche que se entrega. Si yo no _____ (1a) mi coche el año pasado, el gobierno me _____ (1b) la ayuda oficial. Ese coche tenía 13 años.
Paco	Claro. Si tú _____ (2a) un poco más para venderlo, _____ (2b) de la reducción oficial de precio.
José	Se _____ (3a) el nivel de contaminación si el gobierno _____ (3b) esto hace cinco años, porque los coches más recientes tienen que cumplir con normativas sobre emisiones.
Paco	Si se _____ (4a) el parque automóvil español, se _____ (4b) un buen número de accidentes también, gracias a las medidas más desarrolladas de protección que se han ido introduciendo para los ocupantes de un coche.
José	Además, leí en un artículo que si se _____ (5a) esta renovación hace tres años, se _____ (5b) considerablemente el consumo de combustible porque los coches actuales consumen un 30 por ciento menos que los de hace 10 años.

beneficiar	renovar	esperar	evitar	hacer
proponer	diminuir	reducir	vender	dar

EXERCISE 19.3

Translate the following sentences into Spanish.

1 They would have sold more tables if they had improved the design.
2 If I had received the letter, my secretary would have replied immediately.
3 If the manufacturers had delivered the computer last month, we would have finished the project on time.
4 He would have bought the flat, if the owner had reduced the price.

CHALLENGE

Continuing with the theme of trade across Europe, here is an advertisement for a publication which those hoping to export or import would find invaluable. Read the advertisement through and then explain briefly why EUROLISTA is useful for those running SMEs who are planning to expand into Europe.

Eurolista

A partir del primero de enero de 1993, los trece millones de empresas europeas tienen a su alcance 340 millones de consumidores en los doce países miembros de la UE. Las grandes compañías pueden aprovechar las economías de escala, el aumento en el producto comunitario y la reducción de los costes. Para las PYMEs (que crean el 72 por ciento del empleo en la UE), sin embargo, sería más difícil beneficiarse del mercado interior. Ahora tiene una manera muy sencilla de comprar, vender y encontrar socios en Europa: EUROLISTA.

Este anuario les resultará muy útil a la hora de contratar y ofrecer servicios y productos porque tiene las direcciones, teléfonos, fax y télex de las pequeñas y medianas empresas más importantes de quince países de Europa. En la actual edición de EUROLISTA figuran más de 7.500 PYMEs con domicilio en España y un total de 150.000 compañías europeas diferentes. Más de 400.000 destinatarios reciben la guía de los que aproximadamente 32.000 son españoles. En cuanto al contenido, está dividido en sectores de negocio y además según las distintas actividades empresariales. Para ayudarle más, cada sección ofrece además una introducción donde se explica el marco económico del sector y el contexto general de la oferta y la demanda.

USEFUL VOCABULARY AND EXPRESSIONS

Export and sales

la factura comercial	commercial invoice
el conocimiento de embarque	bill of lading
la carta de porte	consignment note
el transporte terrestre/fluvial/ aéreo/marítimo	transport by land/ river/air/sea

la poliza de seguro	insurance policy
el certificado de origen/calidad	certificate of origin/quality
un camión con elevador de carga	fork-lift truck
un equipo elevador	lifting gear
un contenedor frigorífico	refrigerated container
la aduana	customs
el aduanero	customs officer
la documentación	official papers
el recibo	receipt
el título de propiedad	title deed
la naviera	shipping company
la compañía aérea	airline company
un cargamento	shipment
las condiciones de seguridad	safety conditions
La carga pesa cuatro toneladas.	The load weighs four tons.
¿Cuáles son las condiciones de pago?	What are the terms of payment?
Hacemos un descuento del 3 por ciento.	We make a discount of 3%.
descontar	to discount
hacer/efectuar el pago en el plazo de x días	to make payment within x days
¿Cuánto tiempo tardan en despachar los pedidos?	How long do you take to despatch orders?
la factura	invoice
por duplicado	in duplicate
el pago al contado/en metálico	cash payment
el pago adelantado/anticipado	payment in advance
el pago a plazos	payment in instalments
el pago contra entrega	cash on delivery
la carta de crédito	letter of credit
el crédito a corto plazo/	short-term/
a largo plazo	long-term credit
una letra bancaria	bank draft
Hay problemas de existencias.	There are problems with stocks.
entregar las mercancías	to deliver the goods
los géneros	articles, merchandise
conseguir un mejor precio	to obtain a better price

el catálogo	catalogue
la lista de precios	price list
hacer un pedido	to place an order
anular el pedido	to cancel an order

BACKGROUND NOTES

Business correspondence

A useful source of information on all aspects of business correspondence is *Bilingual Handbook of Business Correspondence and Communication English–Spanish*, by Susan Davies, Mary O'Neill Fleming Camprubí and Gabriela Jones (Prentice-Hall International, 1989).

Information on Spain

European Information Centres (ECIs) can provide information and advice on all aspects of doing business within the European Community. Addresses of the Spanish *Euro-Info-Centros* are given in the Appendices.

TEST

To conclude this unit, and the course itself, here is a multiple choice test which includes many of the grammar points covered in the course. Some of the questions will also provide you with a chance to check up on your vocabulary.

1   A Roberto le gustan los mariscos, sobre todo . . .
   a las alcachofas   c los melocotones
   b los mejillones   d los boquerones.
2   Quiero que me . . . una fotocopia del contrato.
   a harán   c hagan
   b hacen   d harían
3   Avisadnos cuando . . . los clientes.
   a llegad   c llegan
   b lleguen   d llegarán

4   Adolfo ha conseguido un puesto en Nueva York. ¡Qué. . . tiene!
    a sueño   c hambre
    b ganas   d suerte

5   Por favor, . . . usted en aquella silla.
    a siéntese   c siéntase
    b sintiese   d sentaos

6   Si . . . algo importante, te llamarían en seguida.
    a era   c sería
    b fuera   d sea

7   Marta fue la primera . . . responder.
    a con   c a
    b de   d en

8   Como no ha dicho nada, no sabemos . . . piensa hacer.
    a qué   c cuál
    b que   d cual

9   Tal como están las cosas, no creo que el jefe . . . tiempo de visitar
    la fábrica.
    a tiene   c tendrá
    b tenga   d tuviera

10 Le pidieron a Rodolfo que . . . el informe en alemán.
    a escribió   b escribiría
    b escribiera   c escribía

11 . . . fabriquen productos de alta calidad, tendrán clientes.
    a si   c siempre que
    b a pesar de que   d como

12 La situación no va a mejorar, . . . el gobierno.
    a hace el que hace   c haga el que hace
    b hace lo que hace   d haga lo que haga

13 Nosotros no tenemos objeción . . . que hacerle, ¿y usted?
    a otra   c alguna
    b ninguna   d alguno

14 En esta zona, . . . cinco hoteles y todos . . . cerca de la estación.
    a son   a son
    b están   b están
    c hay   c hay

15 No podemos solucionar . . . problema sin estudiar los nuevos
    datos.
    a este   c esta
    b esté   d esto

16 Es recomendable que los representantes . . . temprano por la mañana.
   a viajan   c viajen
   b viajarán   d viajasen

17 La Junta . . . la solicitud, si él la . . . por triplicado.
   a hubiera aceptado   a hubiese presentado
   b habría aceptado   b habría presentado

18 Tú tienes los sellos, ¿verdad? . . .
   a Dádmelos   c Démelos
   b Dámelos   d Dámeles

19 No sé . . . van los clientes esta tarde.
   a donde   c adonde
   b dónde   d adónde

20 No . . . , por favor. Tus colegas no van a perder el tren.
   a se preocupa   c se preocupe
   b te preocupas   d te preocupes

KEY

EXERCISE 19.1

1 hubieran/hubiesen sido, habrían/hubieran roto
2 habría/hubiera evitado, hubiera/hubiese propuesto
3 hubiera/hubiese abierto, habría/hubiera recibido
4 hubiera/hubiese analizado, habría/hubiera visto
5 hubieras/hubieses consultado, habría/hubiera resuelto
6 hubiera/hubiese hecho, habría/hubiera notado
7 hubiera/hubiese devuelto, habría/hubiera perdido
8 habrían/hubieran entendido, hubiera/hubiese escrito

EXERCISE 19.2

1a hubiera/hubiese vendido
1b habría/hubiera dado
2a hubieras/hubieses esperado
2b habrías/hubieras beneficiado
3a habría/hubiera reducido
3b hubiera/hubiese propuesto

4a hubiera/hubiese renovado
4b habría/hubiera evitado
5a hubiera/hubiese hecho
5b habría/hubiera disminuido

EXERCISE 19.3

1 Habrían/hubieran vendido más mesas, si hubieran/hubiesen mejorado el diseño.
2 Si hubiera/hubiese recibido la carta, mi secretaria habría/hubiera respondido en seguida.
3 Si los fabricantes hubieran/hubiesen entregado el ordenador el mes pasado, habríamos/hubiéramos terminado el proyecto a tiempo.
4 Habría/hubiera comprado el piso, si el dueño hubiera/ hubiese reducido/bajado el precio.

CHALLENGE

The *Eurolista Guide* is a way of buying, selling and finding business partners in Europe. It is useful when you need services and products or wish to offer them to others. It contains addresses, telephone, fax and telex numbers of the most important SMEs in 15 European countries, including 7,500 entries for Spain and 150,000 other European companies. 400,000 people receive the guide, among them 32,000 Spaniards. The guide is split into business sectors and commercial activities. Each section also offers an introduction which explains the economic framework of the sector and the general context of supply and demand.

TEST

1   b
2   c
3   b
4   c
5   a
6   b
7   d
8   a
9   b
10 b
11 c
12 d
13 c
14 c, b
15 a
16 c
17 a, b
18 b
19 d
20 d

Vocabulary

(*m*)   masculine
(*f*)   feminine
(*rad.*)   radical verb
(*attr.*)   attributive

Spanish	*English*
A	
a	to
abierto	open
abono (*m*)	manure
abril (*m*)	April
abrir	to open
absoluto, en _____	not at all
abundante	abundant
acabar de	to have just
académico	academic
acceder	to access
acceso	access
accidente (*m*)	accident
accionista (*m, f*)	shareholder
acelerado	rapid
acentuado	acute
aceptar	to accept
acero (*m*)	steel
acoger	to welcome
acompañar	to accompany
aconsejar	to advise
acontecimiento (*m*)	event
acostarse (*rad.*)	to go to bed
acreditar	to credit; to recognize
activar	to activate
actividad (*f*)	activity
actual	current

actualmente	currently
Acuario (*m*)	Aquarius
acuerdo (*m*)	agreement
adaptar	to adapt
adecuado	adequate
además	moreover
adjuntar	to enclose
Administración (*f*)	Administration
administrativo	administrative
admitir	to allow
adoptar	to adopt
aéreo	air (*attr.*)
aeropuerto (*m*)	airport
afectar	to affect
afiliación (*f*)	affiliation
afirmar	to state
africano	African
afueras (*f*)	outskirts
agencia de viajes (*f*)	travel agent's
agenda (*f*)	diary
agente de viaje (*m*)	travel agent
agosto (*m*)	August
agradecer	to thank
agrícola	agricultural
agua (*f*)	water
_____ mineral con gas (*f*)	carbonated mineral water
ahora	now
ahorrar	to save
ahorro (*m*)	saving
aire acondicionado (*m*)	air conditioning
ajustar	to tighten
alcachofa (*f*)	artichoke
alcanzar	to reach
alemán	German
Alemania	Germany
algo	something
¿algo más?	anything else?
alguno	some
almeja (*f*)	clam
almendra (*f*)	almond

almorzar	to have lunch
alojamiento (*m*)	accommodation
alquilar	to hire
alquiler (*m*)	rent
alternativa	alternative
alto	high
alza, estar en _____	to be on the increase
allá, más _____ de	beyond
ama de casa (*f*)	housewife
amba	both
ambición (*f*)	ambition
amenaza	threat
América del Norte (*f*)	North America
ampliación	enlargement
amplio	broad
analizar	to analyse
andaluz	Andalusian
anteayer (*m*)	day before yesterday
anterior	previous
antes	before
anticuado	outdated
antiestático	antistatic
antiguo	ancient, outdated
antirreflectivo	antireflective
anunciar	to announce
anuncio (*m*)	advertisement
año (*m*)	year
el _____ pasado	last year
apagar	to turn off
aparcamiento (*m*)	parking
aparecer	to appear
apartado de correos (*m*)	PO box
apartamento (*m*)	flat
apellido (*m*)	surname
apetecer	to fancy
aplicar	to apply
aportar	to bring
apoyar	to support
apoyo (*m*)	support
apreciar	to value; to appreciate

aprender	to learn
aprobar (rad.)	to approve
aprovechamiento (*m*)	use
aprovechar	to make the most of
aprovisionamiento (*m*)	supply
aquí	here
área (*f*)	area
arreglar	to sort out
arriesgado	daring
arroz (*m*)	rice
_____ con leche	rice pudding
artículo (*m*)	article
asado	roast
ascender	to rise
ascensor (*m*)	lift
asegurar	to guarantee, to assure
asequible	affordable
asesor	consultant
así como	as well as
asiento (*m*)	seat
asistencia (*f*)	attendance
asistente (*m*)	attendee
asistir a	to attend
asociación (*f*)	association
asociados (*m*)	associates
aspecto (*m*)	aspect
aspiradora (*f*)	vacuum cleaner
astroeconómica (*f*)	astroeconomics
asunto (*m*)	affair, issue, matter
atención (*f*)	attention
atentamente	sincerely
atractivo	attractive
atún (*m*)	tuna
aumentar	to increase
aumento (*m*)	increase
aún	even
automáticamente	automatically
autopista (*f*)	motorway
autor (*m*)	author
autoridades (*f*)	authorities

avanzado	advanced
avión (*m*)	aeroplane
ayer	yesterday
ayuda (*f*)	help
ayudar	to help
ayuntamiento (*m*)	town hall
azafata (*f*)	air hostess
azul	blue

B

bacalao (*m*)	cod
baja (*f*)	reduction
bajo	low
bancario	bank (*attr.*)
banco (*m*)	bank
baño (*m*)	bathroom
bar (*m*)	bar
barato	cheap
bastante	quite
beber	to drink
beca (*f*)	grant
Bélgica (*f*)	Belgium
beneficiar	to benefit
beneficios (*m*)	profits, benefits
a beneficio de	for the benefit of
bien	well
billete (*m*)	ticket
billete club (*m*)	club class
bistec (*m*)	steak
bocadillo (*m*)	sandwich
boletín (*m*)	bulletin
Bolsa (*f*)	Stock Exchange
a bordo de	aboard
borrar	to erase
botón (*m*)	button
británico	British
bueno	good
buscar	to look for

C

cada	each, every
cadena (f)	chain
caer	to fall
café (m)	coffee
_____ solo	black coffee
cafetería (f)	cafe, cafeteria
caja (f)	box
calcular	to calculate
calefacción central (f)	central heating
calidad (f)	quality
caliente	hot
calzado (m)	footwear
cámara de comercio	Chamber of Commerce
cámara fotográfica (f)	camera
cambiar	to change
cambio (m)	change
cambio (de moneda) (m)	Exchange
camino (m)	path
camisa (f)	shirt
campaña (f)	campaign
campo (m)	field
Canadá (m)	Canada
canadiense (m, f)	Canadian
candidato (m)	candidate
cansado	tired
capacidad (f)	ability, capacity
capital (f)	capital city
carácter (m)	nature
característica (f)	characteristic
carga (f)	cargo
cargo (m)	post
caro	expensive
carpeta (f)	folder
carretera (f)	major road
carta (f)	letter
casa (f)	home
casa editorial	publishing house
casado	married
casarse	to get married

casi	almost
catalán (*m*)	Catalan
categoría (*f*)	class
causa, a _____ de	because of
causar	to cause
cauteloso	careful
cebolla (*f*)	onion
celebración (*f*)	holding, taking place (of an event)
celebrar	to hold
céntrico	central
centro (*m*)	centre
_____ comercial (*m*)	shopping centre
centroamericano	Central American
cerca de	near
cerrado	closed
cerrar	to close
cerveza (*f*)	beer
cestillo (*m*)	punnet
ciclo (*m*)	cycle
ciencia (*f*)	science
ciento, por _____ (*m*)	per cent
cifra (*f*)	figure
cine (*m*)	cinema
cinta (*f*)	tape
cinturón (*m*)	belt
ciudad (*f*)	city
claro	clear
claro que sí	of course
clase (*f*)	class
clausura (*f*)	closure
clave (*f*)	key
cliente (*m*)	client
clima (*m*)	climate
cobrar	to charge
coche (*m*)	car
cocinar	to cook
código postal (*m*)	post code
coger	to catch
coincidir	to coincide
colaborar	to collaborate

colega (m)	colleague
colombiano	Columbian
color (m)	colour
comarca (f)	region
combinar	to combine
comedor (m)	dining room
comenzar (rad.)	to start
comer	to eat
comercial	business (attr)
comercializar	to sell
comercio (m)	business
cometer	to commit
comienzo (m)	beginning
como	as, like
comodidad (f)	comfort
compañía (f)	company
comparación (f)	comparison
compatibilidad (f)	compatibility
compatibilizar	to combine
compensación (f)	compensation
competencia (f)	competition
competidor (m)	competitor
competir	to compete
competitivo	competitive
complementario	complementary, additional
completamente	completely
componer	to make up
comprador (m)	shopper
comprar	to buy
compras, hacer las _____	to go shopping
comprensivo	understanding
comprobar (rad.)	to prove
compromiso (m)	commitment
comunicación (f)	communication
con	with
conceder	to give
concepto (m)	concept
concretamente	specifically
conducir	to drive
conferencia (f)	conference, lecture

confirmar	to confirm
conflicto (m)	conflict
confort (m)	comfort
congelación salarial (f)	wage freeze
congelado	frozen
congreso (m)	conference
conjugar	to combine
conocer	to get to know
conocimientos (m)	knowledge
conseguir	to obtain
consejo (m)	council
conservación (f)	preservation
consideración (f)	consideration
considerar	to consider
consistir en	to consist of
construido	built
construir	to build
consultar	to consult
consultor (m)	consultant
empresa _____ a (f)	consultant's
consumidor (m)	consumer
consumir	to consume
consumo (m)	consumption
contabilidad (f)	accountancy
contable	relating to accounts
contactar	to contact
contaminante (m)	pollutant
contar con (rad.)	to have
contenedor (m)	container
contener	to contain
contestador de llamadas automático (m)	answerphone
contestar	to answer
continente (m)	continent
continuar	to continue
continuo	continuous
contra, en _____ de	against
contracción (f)	contraction
contrario	contrary
contratar a	to employ

contrato (*m*)	contract
contribuir	to contribute
control (*m*)	control
controlar	to control
convención (*f*)	convention
conveniente	convenient
conversación (*f*)	conversation
convertir en (rad.)	to make something into
coordinación (*f*)	coordination
coordinar	to coordinate
copia (*f*)	copy
corbata (*f*)	tie
corregir	to correct
correlación (*f*)	correlation
correos, por _____ (*m*)	by mail
cosa (*f*)	thing
costar (rad.)	to cost
coste (*m*)	cost
costoso	expensive
crear	to create
creatividad (*f*)	creativity
creativo	creative
crecer	to increase
creciente	increasing
crecimiento	growth
creer	to believe, think
crisis (*f*)	crisis
¿cuál. . . ?	which. . . ?
cualquier	any
cuanto antes	as soon as possible
cuarto de baño (*m*)	bathroom
cuenta corriente (*f*)	current account
cuidado, con _____	carefully
tener _____	to be careful
cuidar	to take care of
cultural	cultural
cumplimiento (*m*)	fulfilment
cumplir con	to fulfill
cuota (*f*)	share
cupón (*m*)	coupon

CH

champiñón (*m*)	mushroom

D

dado que	since
danés	Danish
dar	to give
datos (*m*)	information, details
de	of
debate (*m*)	debate
deber	must
debido a	owing to
decidir	to decide
decir	to say
decisión (*f*)	decision
decoración (*f*)	decor
dedicación (*f*)	dedication
dedicado	dedicated
defecto (*m*)	defect
defectuoso	faulty
definir	to define
dejar	to leave
delegado (*m*)	delegate
demás, los _____	the rest
demasiado	too, too much
demostrar (*rad.*)	to show
dentro	within
depender de	to depend on
deporte	sport (*attr.*)
derecho (*m*)	law
desafortunadamente	unfortunately
desarrollar	to develop
desarrollo (*m*)	development
descenso (*m*)	decrease
desde	since, from
desear	to want
desembarcar	to unload
despachar	to dispatch
despacho (*m*)	office
desperdiciar	to waste

después de	after
destacar	to stand out, to emphasize
destino (*m*)	destination
detallado	detailed
detalle (*m*)	detail
detenidamente	carefully
determinante	determining
determinar	to determine
devaluación (*f*)	devaluation
devolver	to return
día (*m*)	day
diálogo (*m*)	dialogue
diccionario (*m*)	dictionary
diciembre (*m*)	December
diferencia (*f*)	difference
dificultad (*f*)	difficulty
dimensión (*f*)	dimension
Dinamarca (*f*)	Denmark
dinero (*m*)	money
dirección (*f*)	address, management
directiva (*f*)	directive
directivo (*m*)	manager
directo	direct
director, -a general	general director
_____ de finanzas	financial director
_____ de recursos humanos	director of human resources
dirigente (*m, f*)	manager
dirigir	to direct
disciplina (*f*)	discipline
discutir	to discuss
diseñado	designed
diseñador (*m*)	designer
diseñar	to design
diseño (*m*)	design
disfrutar	to enjoy
disminuir	to diminish, to lessen
disponer	to prepare, to arrange
disposición (*f*)	disposal
dispuesto	ready
distancia (*f*)	distance

distinto	different
distribución (f)	distribution
distribuidor (m)	distributor
diverso	diverse
división (f)	division
divorciado	divorced
documento (m)	document
domicilio (m)	home
dominante	dominant
dominar un idioma	to speak a language well
dominio de	fluency in
domingo (m)	Sunday
dormir (rad.)	to sleep
dormitorio (m)	bedroom
dudar	to doubt
dulces (m)	sweets
durar	to last

E

ecológico	ecological
economía (f)	economy
económicas (f)	economics
económico	economic, economical
edad (f)	age
edición (f)	edition
efecto, en _____	in effect
efectuar	to do; to carry out
eficacia (f)	efficiency
eficaz	efficient
eficazmente	efficiently
ejecutivo (m)	executive
ejercicio (m)	exercise
elaborar	to produce
eléctrica	electric
electrodomésticos (m)	household electrical appliances
elegancia (f)	elegance
elegir	to choose
elevado	high
embalaje (m)	packaging
emigrar	to emigrate

emitir	to emit
empezar (rad.)	to start
empleado (*m*)	employee
emplear	to employ
empleo (*m*)	job
emprender	to take
empresa (*f*)	firm
empresariado (*m*)	managerial class
empresarial	business (attr)
empresariales (*m*)	business studies
en	in
_____ seguida	immediately
encantar	to like
encargar	to order
encender	to turn on
encerrado (*m*)	sit-in
encontrar (rad.)	to find
energéticas (*f*)	energy
energía (*f*)	energy
enero (*m*)	January
enfrentarse a	to face
enorme	enormous
entender	to understand
entidad (*f*)	company
entonces	so
entorno (*m*)	environment
entrada (*f*)	entry, ticket
entrar	to enter
no _____	no entry
entre	between, among
entrega (*f*)	delivery
entregar	to deliver
entrevista (*f*)	interview
entrevistar	to interview
envase (*m*)	container
enviar	to send
envidiar	to envy
época (*f*)	era
equipado	equipped
equipamiento (*m*)	equipment

equipo (*m*)	equipment; team
era (*f*)	age
error (*m*)	error, mistake
escaparate (*m*)	shop window
escasez (*f*)	shortage
escoger	to choose
escribir	to write
escuela	school
esfera (*f*)	sphere
España (*f*)	Spain
español	Spanish
espárragos (*m*)	asparagus
especialidad (*f*)	speciality
especialización (*f*)	specialism
especializado	specialized
espectáculo (*m*)	show
espera, en _____ de	awaiting
esperar	to await, wait for
esquí (*m*)	skiing
estación (*f*)	station
estado civil (*m*)	marital status
Estados Unidos (*m*)	United States
estancia (*f*)	stay
estantería (*f*)	shelves
este	this
estimado	dear
estrategia (*f*)	strategy
estudiar	to study
estudio (*m*)	study
estudios, primarios (*m*)	primary education
estudios, superiores (*m*)	higher education
estupendo	wonderful
etiqueta (*f*)	label
Europa (*f*)	Europe
europeo	European
evidentemente	evidently
evitar	to avoid
exactamente	exactly
excelente	excellent
excepcional	exceptional

excesivo	excessive
exclusivamente	exclusively
exhaustivo	exhaustive
exigir	to ask
existencias (f)	stock
éxito (m)	success
existir	to exist
expandir	to expand
expansión (f)	expansion
experiencia (f)	experience
experimentar	to experience
exponer	to exhibit
exportación (f)	export
exportar	to export
exposición (f)	exhibition
extenso	extensive, broad
externo	external
extranjero	foreign
extraoficial	unofficial
extremadamente	extremely
Extremo Oriente (m)	Far East

F

fábrica (f)	factory
fabricación (f)	manufacture
fabricante (m)	manufacturer
fácil	easy
fácil de usar	user-friendly
facilidad (f)	ease
facilidades (f)	facilities
fácilmente	easily
factor (m)	factor
facturación (f)	turnover; check in (airport)
facultad (f)	faculty
falta (f)	lack
familia (f)	family
familiar	family (attr)
famoso	famous
farmacia (f)	chemist
febrero (m)	February

fecha (*f*)	date
femenino	female
fenómeno (*m*)	phenomenon
feria (*f*)	fair; trade fair
feria de muestras (*f*)	trade fair
ferial	fair (attr)
ferrocarril (*m*)	railway
ferroviario	railway (attr)
fertilizante (*m*)	fertilizer
festival (*m*)	festival
fiable	reliable
fideos (*m*)	noodles
fiesta (*f*)	celebration
filatelia (*f*)	stamp collecting
filología (*f*)	philology
fin, _____ de semana (*m*)	weekend
finalmente	finally
financiar	to finance
financiero	financial
firma (*f*)	company; signature
firmar	to sign
fiscal	tax (*attr.*)
flexibilidad (*f*)	flexibility
flexible	flexible
folleto (*m*)	brochure
fondo (*m*)	fund
forma (*f*)	form
formación (*f*)	training, experience
formar	to form
fotocopiadora (*f*)	photocopier
fotografía (*f*)	photograph
francés (*f*)	French
Francia (*f*)	France
frecuencia, con _____	frequently
fresa (*f*)	strawberry
frigorífico (*m*)	fridge
frontal	front (*attr.*)
fruta (*f*)	fruit
fuerza (*f*)	force
a fuerza de	by means of

fuerza laboral (*f*)	workforce
funcionar	to function
fundación (*f*)	foundation
fuente (*f*)	source
fuerte	strong
fumador/no fumador	smoking/non-smoking
fumar	to smoke
función (*f*)	function
futuro (*m*)	future

G

galería de arte (*f*)	art gallery
gama (*f*)	range
ganancias (*f*)	profits
ganar	to earn, to win
garaje (*m*)	garage
garantía (*f*)	guarantee
garantizar	to guarantee
gasolina (*f*)	petrol
gastar	to spend
gastos (*m*)	costs
_____ generales	overheads
gerente (*m, f*)	manager
general, en _____	in general
generalmente	usually
generar	to generate
gestión (*f*)	transaction, management
gobierno (*m*)	government
golf (*m*)	golf
grabación digital (*f*)	digital recording
grabar	to record
gracias	thank you, thanks
grado (*m*)	degree
gráfico	graphic
Gran Bretaña (*f*)	Great Britain
grande	big, great
grato	agreeable
grave	serious
Grecia (*f*)	Greece
griego	Greek

guardar	to save
guerra, _____ civil (*f*)	Civil War
guía (*m, f*)	guide
guisantes (*m*)	peas
gusto (*m*)	taste
con mucho _____	with great pleasure

H

haber	to have
habilidad (*f*)	ability
habitación (*f*) doble	double room
habitación (*f*) individual	single room
hábito de consumo (*m*)	consumer behaviour
hablar	to speak
_____ por teléfono	to telephone
hace tres años	three years ago
hacer	to do, to make
hallar	to find
hasta	until
hasta ahora	until now
hecho	made of
helado (*m*)	ice cream
herramienta (*f*)	tool
hijo, a	son, daughter
hilo musical (*m*)	piped music
hipermercado (*m*)	hypermarket
historia (*f*)	story
historial profesional (*m*)	curriculum vitae
hogar (*m*)	home
hoja (*f*)	page
Holanda (*f*)	Holland
hombre (*m*)	man
hora (*f*)	hour
a la _____ de	when
horario (*m*)	opening hours, timetable
horno (*m*)	oven
hotel (*m*)	hotel
hoy	today
_____ día	nowadays
huelga (*f*)	strike

Hungría (f)	Hungary

I

ibérico	Iberian
ida, de _____ y vuelta	return
idea (f)	idea
ideal	ideal
identidad (f)	identity
idioma (m)	language
iluminación (f)	lighting
imagen (f)	image
imaginativo	imaginative
impaciente	impatient
implantar	to introduce
importante	important
importar	to import
imprescindible	vital
impresora (f)	printer
impuesto (m)	tax
inaugurar	to open, to inaugurate
incluir	to include
incorporación (f)	incorporation
incorporado	in-built
incorporar	to include
increíble	incredible
incrementar	to increase
incremento (m)	rise
indicar	to indicate
indicativo	indicative
índice (m)	index
indirectamente	indirectly
industrial	industrial
inferior	lower
inflación (f)	inflation
Información (f)	Enquiries
información (f)	information
informática (f)	computing; information technology
informe (m)	report
infraestructura (f)	infrastructure
ingeniería civil (f)	civil engineering

inglés	English
ingresar	to enter
ingresos (*m*)	profits
iniciar	to begin
inigualable	unequalled
inmediatamente	immediately
inmediato	immediate
innovación (*f*)	innovation
inolvidable	unforgettable
instalaciones (*f*)	facilities
_____ deportivas (*f*)	sports facilities
instalar	to install
instalarse	to settle
instrucción (*f*)	instruction
inteligente	intelligent
intercomunicación (*f*)	intercom
interés (*m*)	interest
interesante	interesting
interesado	interested
internacional	international
intérprete (*m, f*)	interpreter
interrogar	to interrogate
interrupción (*f*)	break
intervenir	to intervene
introducir	to introduce
intuitivo	intuitive
inversión (*f*)	investment
invertir	to invest
investigaciones (*f*)	research
invitación (*f*)	invitation
invitar	to invite
ir	to go
Irlanda (*f*)	Ireland
Islas Canarias (*f*)	Canary Islands
Italia (*f*)	Italy
italiano	Italian
itinerario (*m*)	itinerary

J

jamón serrano (*m*)	cured ham
Japón (*m*)	Japan
japonés	Japanese
jefa (*f*)	manager, boss
jefe (*m*)	manager, boss
jornada (*f*)	conference
_____ laboral	working day
joven	young
jubilado	retired
juego (*m*)	game
jueves (*m*)	Thursday
juez (*m*)	judge
jugar	to play
juguete (*m*)	toy
juguetero	toy manufacturer
julio (*m*)	July
junio (*m*)	June
junta (*f*)	meeting
_____ directiva (*f*)	board of directors, board
junto	together
jurar	to swear
jurídico	legal, juridicial

K

kilómetro (*m*)	kilometre

L

laboral	work
lado (*m*)	side
lanzamiento (*m*)	launch
lanzar	to launch
largo, a lo	throughout
lástima (*f*)	shame
latinoamericano	Latin American
lavadora automática (*f*)	automatic washing machine
lavavajillas (*f*)	dishwasher
leche (*f*)	milk
leer	to read
legal	legal

lema (*m*)	slogan
lengua (*f*)	language
levantarse	to get up
liberalización (*f*)	liberalization
libre	free
libro (*m*)	book
licenciado (*m*)	Bachelor of Arts/Science; graduate
licenciatura (*f*)	degree
ligero	light
límite (*m*)	limit
línea (*f*)	line
litro (*m*)	litre
local	local
logotipo (*m*)	logo
lograr	to achieve
luego	then
lugar (*m*)	place
lujo, de gran _____	de luxe
lunes (*m*)	Monday

LL

llamada (*f*)	call
llamado	so-called
llamarse	to be called
llamativo	eye-catching
llegadas (*f*)	arrivals
llegar	to arrive
llevar	to bear
llevar a	to lead to
llevar a cabo	to carry out

M

madrileño	from Madrid
magnífico	splendid
mal	badly
malo	bad
mandar	to send
mando (*m*)	control
mancjo (*m*)	handling
mano (*f*)	hand

mantener	to maintain
mantenimiento (*m*)	maintenance
manual de instrucciones (*m*)	instruction manual
manuscrito	handwritten
mañana (*f*)	tomorrow, morning
máquina (*f*)	machine
maquinaria pesada (*f*)	heavy machinery
marca (*f*)	brand
margen de utilidad (*m*)	profit margin
marido (*m*)	husband
mariscos (*m*)	seafood
márketing (*m*)	marketing
martes (*m*)	Tuesday
marzo (*m*)	March
más	more
masculino	male
masivo	massive
Master (*m*)	MBA
material (*m*)	material
materias primas (*f*)	raw materials
máximo (*m*)	maximum
mayo (*m*)	May
mayor	greater
mayoría (*f*)	majority
media (*f*)	mean; average
médico (*m*)	doctor
medidas (*f*)	measures
medio ambiente (*m*)	environment
mediodía (*m*)	midday
medios (*m*)	media
medir	to measure
mejor	better, best
mejorar	to improve
melocotón (*m*)	peach
menor	younger
menos	less
mensaje (*m*)	message
mensajero (*m*)	messenger; courier
mensual	monthly
mentalidad (*f*)	mentality

mercado (*m*)	market
merecedor	worthy
merecer la pena	to be worth the effort
merluza (*f*)	hake
mes (*m*)	month
método (*m*)	method
metro (*m*)	underground, metre
microondas (*m*)	microwave
miembro (*m*)	member
mientras que	while
miércoles (*m*)	Wednesday
mínimo (*m*)	minimum
ministro (*m*)	minister
minuto (*m*)	minute
mismo	same
al _____ tiempo	at the same time
mitad (*f*)	half
moda (*f*)	fashion
moderno	modern
momento	moment
monetario	monetary
monitor (*m*)	monitor
montón (*m*)	heap
monumento (*m*)	monument
mostrador (*m*)	shop counter
mostrar (rad.)	to show
motivo (*m*)	reason
motocicleta (*f*)	motorbike
mover	to move
muchísimo	very much
mucho	much, many
muerte (*f*)	death
muestra (*f*)	sample
mujer (*f*)	woman
multa (*f*)	fine
multilingüe	multilingual
multinacional	multinational
mundial	world
mundo (*m*)	world
museo (*m*)	museum

muy	very

N

nacer	be born
nacimiento (*m*)	birth
nada	nothing
nadar	to swim
natación (*f*)	swimming
necesario	necessary
necesidad (*f*)	need, requirement
necesitar	to need
negativamente	negatively
negociación (*f*)	negotiation
_____ colectiva	collective bargaining
negociar	to negotiate
negocio	business
neumático (*m*)	tyre
nieve (*f*)	snow
niño (*m*)	child
nivel (*m*)	level
noche (*f*)	night
nombrar	to name
nombre (*m*)	name
normalmente	normally
norte (*m*)	North
norteamericano	North American
Noruega (*f*)	Norway
noticias (*f*)	news
novedad (*f*)	innovation
noviembre (*m*)	November
noyable	noticeable
nuestro	our
nuevo	new
número (*m*)	number
numeroso	numerous
nunca	never

O

objetivo (*m*)	objective
obligación (*f*)	obligation

obra (f)	work
observar	to watch
obtener (irr.)	to obtain
ocio (m)	leisure
octubre (m)	October
ocupar	to occupy
oferta (f)	offer, range
oficina (f)	office
ofrecer	to offer
oír	to listen
opinar	to think
opinión (f)	opinion
oportunidad (f)	opportunity
optar	to opt
optimista	optimistic
ordenador (m)	computer
ordenar	to order
organismo (m)	body, agency
organización (f)	organization
organizar	to organize
oriental	eastern
original	original
oscilar	to vary
otro	another

P

pabellón (m)	section of exhibition
pagar	to pay
página (f)	page
país (m)	country
panel de mando (m)	control panel
paneuropeo	pan-European
pantalla (f)	screen
papel (m)	role, paper
papelería (f)	stationer's
paquete (m)	packet
para	for
parada (f)	bus-stop
parado	unemployed
parecer	to seem, to appear

pareja (f)	partner
parte (f)	share, part
por parte de	on behalf of
participar	to participate
particular	private
partir, a _____ de	starting from
pasado	last
pasajeros (m)	passengers
pasaporte (m)	passport
pasatiempos (m)	hobbies
patatas (f)	potato
_____ fritas	chips
patrocinar	to sponsor
patrocinio (m)	sponsorship
patronal (f)	management
pedido (m)	order
pedir (rad.)	to ask for
peligroso	dangerous
pensar (rad.)	to think
pensión (f)	pension
pequeño	small
pera (f)	pear
pérdida (f)	loss
perfume (m)	perfume
periódico (m)	newspaper
período (m)	period
perito (m)	expert
perjudicar	to harm
perjudicial	harmful
permitir	to allow
pero	but
perro (m)	dog
persona (f)	person
personaje (m)	personality
personal (m)	staff
personal	personal
personalizado	personalized
pescado (m)	fish
pesar, a _____ de	in spite of
pimiento (m)	pepper

pionero (*m*)	pioneer
piscina (*f*)	swimming pool
piso (*m*)	apartment
pista de tenis (*f*)	tennis court
placer (*m*)	pleasure
plan (*m*)	plan
planetario	planetary
planificar	plan
planta (*f*)	factory, plant
plantilla (*f*)	personnel, workforce
plástico	plastic
plato preparado (*m*)	ready-made meal/convenience food
plaza (*f*)	space
plazo (*m*)	term
a largo _____	long term
_____ de entrega (*m*)	delivery date
población (*f*)	town, population
poco	few
poder (rad.)	to be able to
poder adquisitivo (*m*)	purchasing power
política (*f*)	policy
poner	to put
por	per, by
_____ aquí	nearby
_____ ejemplo	for example
_____ favor	please
porcentaje (*m*)	percentage
porque	because
portátil	portable
portuario	port (*attr.*)
Portugal (*m*)	Portugal
poseer	to possess
posibilidad (*f*)	possibility
positivo	positive
precio (*m*)	price
precisar	to need
preferencia (*f*)	preference
preferentemente	preferably
preguntarse	to wonder
prensa (*f*)	press

preocupación	concern
preocupado	worried
preparación (f)	preparation
preparar	to prepare
presencia (f)	presence
presentación (f)	presentation
presentar	to present
presidente (m)	president
prestaciones (f)	features, facilities
prestigioso	prestigious
presupuesto (m)	budget
prever	to predict
previamente	previously
previsión (f)	prediction
primer ministro (m)	Prime Minister
primero	first
principal	main
principalmente	principally
principio (m)	start
privado	private
privatizar	to privatize
privilegiado	privileged
problema (m)	problem
procedencia (f)	departure
procesador de textos (m)	word processor
procesar	to process
proceso (m)	process
producción (f)	production
producir	produce
producto (m)	product
profesión (f)	profession
profesional	professional
profesor (m)	lecturer
programa (m)	programme
prohibición (f)	ban
prohibido	prohibited
prohibir	to ban, to prohibit
prometer	to promise
promoción (f)	promotion
pronto	soon

propio	own
proponer	to propose
proporción (f)	proportion
proporcionar	to provide
propuesta (f)	proposal
proteger	to protect
protesta (f)	protest
proveedor (m)	supplier
provincia (f)	province
provisto de	provided with
provocar	to cause
próximo	next
proyectar	to project
proyecto (m)	project
prueba (f)	test
publicación (f)	publication
publicar	to publish
publicidad (f)	advertising
publicitario	advertising (attr.)
público	public
pueblo (m)	town
puente (m)	bridge
puerta (f)	door
puerto (m)	port
puesto (m)	post
pulsar	to push
punto (m)	dot
punto de partido (m)	starting point
puntual	punctual

Q

quedar	to remain
querer (rad.)	to want, to wish
queso (m)	cheese
quizá(s)	perhaps

R

racional	rational
radiación (f)	radiation
rape (m)	angler fish

rapidez (f)	speed
rápido	fast
raro	strange
razón (f)	reason
realizar	to carry out
rebaja (f)	lowering
recado (m)	message
recesión (f)	recession
rechazo (m)	rejection
recibir	to receive
reciclable	recyclable
reciente	recent
recinto ferial (m)	trade fair site
recoger	to pick up
recomendar	to recommend
recordar (rad.)	to remember
recortar	to cut
recubrimiento (m)	covering
recursos	resources
_____ humanos (m)	human resources
red (f)	network
reducción (f)	reduction
reducido	reduced
reducir	to reduce
reemplazo (m)	replacement
reestructuración (f)	restructuring
reflejo (m)	reflection
reforma (f)	reform
región (f)	region
regresar	to return
reina (f)	queen
relacionado con	related to
relaciones laborales	labour relations
relaciones públicas (f)	public relations
rellenar	to fill in
remitir	to send
remodelar	to remodel
remuneración (f)	pay
rendimiento (m)	performance
repartir	to deliver

representar	to represent
requerir (rad.)	to require
requisitos (*m*)	requirements
reserva (*f*)	reservation
reservar	to reserve
resolución (*f*)	resolution
resolver (rad.)	to resolve
respalda (*f*)	backing
rcsponder	to respond
responsabilidad (*f*)	responsibility
responsable (*m, f*)	person in charge, responsible
respuesta (*f*)	answer
restaurante (*m*)	restaurant
resultado (*m*)	result
reunión (*f*)	meeting
reunir	to gather, to assemble
revisar	to revise
revista (*f*)	magazine
revolución (*f*)	revolution
riquezas (*f*)	riches
ritmo (*m*)	pace
rogar (rad.)	to ask
romper (irr.)	to break
ruido (*m*)	noise

S

sábado (*m*)	Saturday
saber	to know
sacar	take out
sala (*f*)	room
_____ de gimnasia (*f*)	gym
salidas (*f*)	departures
salir	to leave
salón (*m*)	room, exhibition hall
salsa (*f*)	sauce
salud (*f*)	health
saludar	to greet
salvo	except
sardina (*f*)	sardine
satisfacer	to satisfy

sauna (f)	sauna
secadora de ropa (f)	clothes dryer
sección (f)	department
seco	dry
secretaria (f)	secretary
secretariado (m)	secretarial staff
sector (m)	sector
sede (f)	headquarters
seguimiento (m)	following up
seguir	to follow
seguir + gerund	to continue doing something
según	according to
segundo (m)	second
seguridad (f)	security, safety
seguro (m)	insurance
seguro	sure
semana (f)	week
fin de _____ (m)	weekend
semejantes	similar
semestre (m)	quarter
sentir (rad.)	to feel
señal (f)	tone
señalización (f)	signposting, signalling
señores, Muy _____ míos	Dear Sirs
septiembre (m)	September
serie (f)	series
servicio (m)	service
_____ de habitación (m)	room service
_____ s (m)	toilets, services
_____ de posventa	aftersales service
_____ militar	military service
servir (rad.)	to serve
sevillano	from Seville
sexo (m)	sex
siempre	always
significado (m)	meaning
significativo	significant
siguiente	following
silencioso	quiet
silla (f)	chair

sindical	trade union (*attr.*)
sindicalismo (*m*)	trade unionism
sindicato (*m*)	trade union
sin embargo	however
sino	but
sistema (*m*)	system
sitio (*m*)	location
situación (*f*)	situation
situado	situated
sobre	on, about
sobre (*m*)	envelope
sobrepasar	to surpass
sobre todo	particularly, above all
sociedad (*f*)	company
soler (rad.)	to be accustomed to
solo, café _____ (*m*)	black coffee
soltero	single
solución (*f*)	solution
solucionar	to solve
sondeo (*m*)	questionnaire
soporte (*m*)	medium
_____ fisíco	hardware
_____ lógico	software
sorteo (*m*)	draw
subir	to rise
Suecia (*f*)	Sweden
sueco	Swedish
suerte (*f*)	luck
suficiente	sufficient
sufrir	to suffer
sugerir (*rad.*)	to suggest
superar	to pass; to overcome
supermercado (*m*)	supermarket
supervisar	to supervise
suponer	to entail
surtido	selected
sustituir	to substitute

T

taller (*m*)	workshop
tamaño (*m*)	size
también	also
taquilla (*f*)	ticket office
tarde	late
tarifa (*f*)	tariff
tarjeta de crédito (*f*)	credit card
tasa (*f*)	rate
taza (*f*)	cup
teatro (*m*)	theatre
técnicas (*f*)	techniques
tecnología (*f*)	technology
techo de cristal (*m*)	glass ceiling
telefónico	telephone (*attr.*)
teléfono (*m*)	telephone
_____ celular	cellular telephone
televisor color (*m*)	colour television
tema (*m*)	topic
temperatura (*f*)	temperature
tendencia (*f*)	tendency, trend
tener	to have
_____ x años	to be x years old
_____ en cuenta	to take into account
_____ lugar	to take place
tenis (*m*)	tennis
terminal	terminal
terminar	to finish
termostato (*m*)	thermostat
terraza (*f*)	terrace
terreno (*m*)	ground
_____ de golf	golf course
territorio (*m*)	territory
tesorería (*f*)	treasury
textil	textile
texto (*m*)	text
tiempo, al mismo	at the same time
a _____	on time
tiempo libre (*m*)	leisure time
tienda (*f*)	shop

tienda del barrio (*f*)	local shop
típicamente	typically
tipo (*m*)	type
tipo de interés (*m*)	interest rate
título, a _____ experimental	as an experiment
título (*m*)	title
tocar	to play (musical instrument)
todavía	yet, still
todo	all, everything
tomar	to eat, to drink, to take
tomate (*m*)	tomato
trabajador	hardworking
trabajar	to work
trabajo (*m*)	job
tradicional	traditional
traducción (*f*)	translation
traducir	to translate
traductor (*m*)	translator
traer	to bring
tráfico (*m*)	traffic
transeúnte (*m*, *f*)	passer-by
trasladarse a	to move to
se trata de	it concerns
tratamiento de textos (*m*)	word processing
tratar	to deal with, to relocate
través, a _____ de	by means of
tren (*m*)	train
trimestre (*m*)	quarter
triplicar	to triple
triunfar	to be successful
tubo (*m*)	tube
túnel (*m*)	tunnel
turismo (*m*)	tourism
turista (*m*)	tourist

U

último	last, recent
ultramoderno	ultramodern
unidad (*f*)	unit
unir	to link

universal	universal
universidad (f)	university
unos	some
usar	to use
usuario (m)	user
utilizar	to use

V

vacaciones (f)	holidays
valor del mercado (m)	market value
vanguardia, de (f)	forward-looking
variado	varied
variedad (f)	variety
varios	several
vegetariano (m)	vegetarian
vehículo (m)	car
velocidad (f)	speed
vendedor (m)	salesperson
vender	to sell
venir	to come
ventaja (f)	advantage
ventana (f)	window
ventas (f)	sales
ver	to see
verano (m)	summer
verdad (f)	truth
verde	green
versión (f)	version
vestirse (rad.)	to get dressed
veces	times, occasions
a _____	sometimes
muchas _____	often
vía (f)	track
viaducto (m)	viaduct
viajar	to travel
viaje (m)	journey
viajero (m)	traveller
vial	traffic, road (attr.)
vida (f)	life
videófono (m)	videophone

videojuego (*m*)	video game
viernes (*m*)	Friday
vino, _____ tinto (*m*)	red wine
visión (*f*)	vision
visita (*f*)	visit
visitante (*m*)	visitor
visualizador (*m*)	visual display
vivienda (*f*)	home
vivir	to live
volar (*rad.*)	to fly
volver	to return
voto (*m*)	vote
voz (*f*)	voice
vuelo (*m*)	flight
vuelos domésticos (*m*)	internal flights

Y

y	and
ya	now

Z

zapato (*m*)	shoe
zona (*f*), _____ de espera	waiting area
_____ de recreo	play area
_____ monumental	tourist district

BASIC VOCABULARY FOR THE TRANSLATION EXERCISES

English | *Spanish*

A

able to	poder
adequate	adecuado
airport	el aeropuerto
always	siempre
American	americano
anniversary	el aniversario

another	otro
appointment	la cita
arrange	concertar, arreglar
arrive	llegar
article	el artículo
ask	pedir
attend	asistir a
attractive	atractivo

B

because	porque
begin	empezar
book	el libro
born, to be	nacer
boss	el jefe
box	la caja
brochure	el folleto
building	el edificio
but	pero
buy	comprar

C

call	llamar
cancel	cancelar
car	el coche
catalogue	el catálogo
centre	el centro
chicken	el pollo
city	la ciudad
clear	claro
client	el cliente
colleague	el colega
come	venir
company	la compañía
conference	el congreso
contact	contactar
contain	contener
contract	el contrato
cost	costar
costly	costoso

currently	actualmente
customer	el, la cliente

D

date	la fecha
day	el día
death	la muerte
decide	decidir
decision	la decisión
design	el diseño
die	morir
difficult	difícil
discount	el descuento
discuss	discutir

E

eat	comer
economics	económicas
edition	la edición
efficiently	eficazmente
eighth	octavo
employee	el empleado
English	los ingleses
enter	ingresar
enthusiastic	estar entusiasmado
every day	todos los días
everything	todo
exhibition	la exposición
expensive	caro
experience	la experiencia

F

facilities	las facilidades
factory	la fábrica
fair	la feria
far	lejos
fast	rápido
father	el padre
festival	el festival
first	primero

floor	la planta
follow	seguir
forget	olvidar
fourth	cuarto
frequently	frecuentemente

G

go to	ir a (irr)
government	el gobierno
Greece	la Grecia

H

have to	tener que
here	aquí
hire	alquilar
his	su
hotel	el hotel
How much?	¿Cuánto?

I

in	en
increase	aumentar
increasingly	cada vez más
industry	la industria
inferior	inferior
information	la información
inhabitant	el habitante
instruction	la instrucción
interesting	interesante
invest	invertir
Italian	italiano

J

January	enero
Japanese	el japonés
June	junio

K

kilometre	el kilómetro
kind	el tipo

L

late	tarde
later	más tarde
latest	último
launch	lanzar
learn	aprender
less	menos
like	gustar
London	Londres
to have lunch	almorzar

M

magazine	la revista
manufacture	fabricar
model	el modelo
money	el dinero
month	el mes
more	más
mother	la madre

N

necessary	necesario
need	necesitar
new	nuevo
North	el norte
now	ahora
number	el número

O

offer	ofrecer
office	la oficina
once, at once	en seguida
order	el pedido
outskirts	las afueras

P

paella	la paella
page	la página
Paris	París
pavillion	el pabellón

play	jugar
policy	la política
possible	posible
pound	la libra
previous	anterior
price	el precio
problem	el problema
produce	producir
product	el producto
profitable	rentable
programme	el programa
project	el proyecto
provided that	con tal de que + subjunctive
Purchasing Director	Director de Compras

Q

quantity	la cantidad
quarter	el trimestre

R

rain	llover
range	la gama
receive	recibir
reception	la recepción
receptionist	la recepcionista
region	la región
remember	recordar
report	el informe
representative	el representante
reserve	reservar
restaurant	el restaurante
return	volver
right	la derecha
roast	asado
room	la habitación
run	funcionar

S

salary	el salario
save	ahorrar

say	decir
seat	el asiento
sector	el sector
see	ver
sell	vender
serious	grave
service	el servicio
seventh	séptimo
sign	firmar
simple	sencillo
situation	la situación
sixth	sexto
small	pequeño
South	el sur
Spain	España
Spanish	el español
spend	gastar
station	la estación
study	estudiar
sufficient	suficiente
support	apoyar
system	el sistema

T

teacher	profesor
telephone	llamar
telephone number	el número de teléfono
tenth	décimo
there	allí
think	pensar, creer
third	tercero
this	este, esta, esto
time	la hora
tomorrow	mañana
too much	demasiado
tourist	el turista
trade fair	la feria
train	el tren

U

university	la universidad
use	utilizar

V

visit	visitar
visitor	el, la visitante
vital	imprescindible

W

wait	esperar
want	querer
Wednesday	el miércoles
week	la semana
weekend	el fin de semana
wine	el vino
to work	trabajar
world	el mundo
to write	escribir

Y

year	el año

Appendix I

Abbreviations and acronyms

ABE	Asociación de la Banca Española
ABP	Asociación de la Banca Privada
ACUDE	Asociación de Consumidores y Usuarios de España
Admón.	Administración
Admor.	Administrador
AEB	Asociación Española de la Banca
AES	Acuerdo Económico y Social
a/f	A favor
AGTC	Acuerdo General sobre Tarifas y Comercio (GATT)
AME	Acuerdo Monetario Europeo
ANE	Acuerdo Nacional sobre el Empleo
apdo.	Apartado
Ayto.	Ayuntamiento
BBV	Banco Bilbao Vizcaya
BCA	Banco de Crédito Agrícola
BCH	Banco Central Hispano Americano
BCI	Banco de Crédito Industrial
BCL	Banco de Crédito Local
Bo.	Banco
BOE	Boletín Oficial del Estado
BPME	Banco de la Pequeña y Mediana Empresa
CAE	Cóbrese al Entregar (C.O.D.)
c/c	Cuenta corriente
CCIN	Cámara de Comercio, Industria y Navegación
CCOO	Comisiones Obreras
CCRTV	Corporació Catalana de Radio i Televisió
c/d	Con descuento
CDTI	Centro para el Desarrollo Tecnológico e Industrial
CE	Comunidad Europea (EC)
CEAJE	Confederación Española de Asociaciones de Jóvenes Empresarios
CECA	Confederación Empresarial de Comercio de Andalucía
CECA	Confederación Española de Cajas de Ahorro

CEODE	Cursos Especiales de Organización y Dirección de Empresas
CEOE	Confederación Española de Organizaciones Empresariales
CEPADE	Cursos Especiales de Planificación y Administración de Empresas
CEPAL	Comisión Económica para América Latina
CEPEDE	Centro de Perfeccionamiento y Desarrollo de la Dirección de Empresas
CEPYME	Confederación Española de la Pequeña y Mediana Empresa
certif.	Certificado
CESO	Confederación Española de Sindicatos Obreros
CGT	Confederación General de Trabajadores
Ch.	Cheque
Cía.	Compañía
Cial.	Comercial
CIDE	Centro de Información y Documentación Económica
CIF	Cédula de Identificación Fiscal
CIMA	Comisión Interministerial del Medio Ambiente
CIPMA	Compañía Internacional de Patentes y Marcas
CIS	Centro de Investigaciones Sociológicas
CIT	Centro de Información Turística
CiU	Convergencia i Unió
CLCI	Cámara Local de Comercio e Industria
CLCIN	Cámara Local de Comercio, Industria y Navegación
CN	Comité Nacional
CNMV	Comisión Nacional del Mercado de Valores
CNT	Confederación Nacional del Trabajo
COC	Cámara Oficial de Comercio
COIE	Centro de Orientación e Información del Empleo
Conso.	Consejo
COPYME	Confederación de la Pequeña y Mediana Empresa
COU	Curso de Orientación Universitaria
CPCI	Cámara Provincial de Comercio e Industria
CPCIN	Cámara Provincial de Comercio, Industria y Navegación
CPD	Centro de Proceso de Datos
CPME	Confederación de Pequeñas y Medianas Empresas
cr.	Crédito

CROE	Confederación Regional de Organizaciones Empresariales
CRTVG	Compañía de Radio Televisión de Galicia
cta.	Cuenta
CTNE	Compañía Telefónica Nacional de España
Ctra.	Carretera
D.	Don
Da.	Doña
Dcha.	Derecha
Dept.	Departamento
DG	Dirección General
Dipl.	Diploma
Dir.	Dirección, Director
Dist.	Distribución, Distribuidor
Div.	División
DNI	Documento Nacional de Identidad
do./dto.	Descuento
Econ.	Economía, Económico
EEUU	Estados Unidos
EGB	Educación General Básica
EITB	Euskal Irrati Telebista (Radiotelevisión Vasca)
ej.	Ejemplo
ELA/STV	Eusko Langileen Alkartasuna/Solidaridad de Trabajadores Vascos
Empr.	Empresa
ENDESA	Empresa Nacional de Electricidad, Sociedad Anónima
EPA	Encuesta de Población Activa
ESADE	Escuela Superior de Administración y Dirección de Empresas
ETA	Euskadi ta Azkatasuna
Eur.	Europa
f.a.b.	Franco a bordo
FIB	Feria Internacional de Barcelona
FIES	Fondo de Investigación Económico y Social
FMI	Fondo Monetario Internacional (IMF)
FP	Formación Profesional
h.	Hora
HB	Herri Batasuna
IACI	Impuesto sobre Actividades Comerciales e Industriales
IARA	Instituto Andaluz de Reforma Agraria

ICEX	Instituto Español de Comercio Exterior
ICO	Instituto de Crédito Oficial
I + D	Investigación y Desarrollo (R & D)
IEE	Instituto de Estudios Económicos
IESE	Instituto de Estudios Superiores de la Empresa
IFA	Instituto de Fomento de Andalucía
IFEMA	Instituto Ferial de Madrid
IMPI	Instituto de la Mediana y Pequeña Empresa Industrial
INE	Instituto Nacional de Estadística
INEM	Instituto Nacional de Empleo
INI	Instituto Nacional de Industria
INOP	Instituto Nacional de la Opinión Pública
IPC	Índice de Precios al Consumo
IPI	Indice de Producción Industrial
IPMEI	Instituto de la Pequeña y Mediana Empresa Industrial
IRPF	Impuesto sobre la Renta de las Personas Físicas
ISDE	Instituto Superior de Dirección de Empresas
IU	Izquierda Unida
IVA	Impuesto sobre Valor Añadido (VAT)
Izda./Izq./ Izqda	Izquierda
Ldo./a	Limitado/a
Lic.	Licenciado
Mer.	Mercancía
Mino.	Ministerio, Ministro
MOPT	Ministerio de Obras Públicas y Transporte
MOPU	Ministerio de Obras Públicas y Urbanismo
MTC	Ministerio de Transportes y Comunicaciones
n/.	Nuestro
Nac.	Nacional
NIF	Número de Identificación Fiscal
n/l.	Nuestra letra
n/o.	Nuestro orden
núm.	Número
o/.	Orden
OCDE	Organización para la Cooperación y el Desarrollo Económico (OECD)
OCU	Organización de Consumidores y Usuarios
OCYPE	Oficina de Coordinación y Programación Económica
OEC	Organización de Exposiciones y Congresos

OECDE	Organización Europea de Cooperación y Desarrollo Económico
OECE	Organización Europea de Cooperación Económica
OMT	Organización Mundial de Turismo
ONU	Organización de Naciones Unidas (UNO)
OPA	Oferta Pública de Adquisición de Acciones
OPEP	Organización de los Países Exportadores de Petróleo (OPEC)
OSE	Organización Sindical Española
OTAN	Organización del Tratado del Atlántico Norte (NATO)
PA	Partido Andalucista
PAC	Política Agrícola Comunitaria (CAP)
PAR	Partido Aragonés Regional
PCE	Partido Comunista de España
PCPME	Plan de Contabilidad para la Pequeña y Mediana Empresa
p/cta.	Por cuenta
p.d.	Posdata (P.S.)
PDD	Programa de Desarrollo Directivo
p.e./p.ej.	Por ejemplo
PEN	Plan Energético Nacional
PIB	Producto Interior Bruto (GDP)
PME	Pequeña y Mediana Empresa
PMI	Pequeña y Mediana Industria
PNB	Producto Nacional Bruto (GNP)
PNCE	Palacio Nacional de Congresos y Exposiciones
PNV	Partido Nacionalista Vasco
PP	Partido Popular
P.S.M.	Precio Según Mercado
PSOE	Partido Socialista Obrero Español
ptas	Pesetas
PVP	Precio de Venta al Público
PYME	Pequeñas y Medianas Empresas
REE	Radio Exterior España
RENFE	Red Nacional de los Ferrocarriles Españoles
RNE	Radio Nacional de España
RP	Relaciones Públicas
RPC	Renta Per Cápita
RTVA	Radio Televisión de Andalucía
RTVE	Radiotelevisión Española

RTVM	Radio Televisión Madrid
RTVMU	Radio Televisión Murciana
RTVV	Radio Televisió Valenciana
SA	Sociedad Anónima (plc)
Sdad.	Sociedad
SIB	Servicio de Información Bursátil
SIMO	Salón Informativo de Material de Oficina
Sind.	Sindicalismo, Sindicato
SL	Sociedad Limitada (Ltd)
SME	Sistema Monetario Europeo (EMS)
SODIAN	Sociedad para el Desarrollo Industrial de Andalucía
SODICAN	Sociedad para el Desarrollo Industrial de Canarias
SODIEX	Sociedad para el Desarrollo Industrial de Extremadura
SODIGA	Sociedad para el Desarrollo Industrial de Galicia
SOPREA	Sociedad para la Promoción y Reconversión Económica de Andalucía
Tel.	Teléfono
TVE	Televisión Española
TVG	Televisión de Galicia
TVV	Televisió Valenciana
UCD	Unión de Centro Democrático
UEM	Unión Económico y Monetaria (EMU)
UGT	Unión General de Trabajadores
UNIPYME	Unión de Organizaciones de la Pequeña y Mediana Empresa
USO	Unión Sindical Obrera
UV	Unión Valenciana

Appendix II

Useful addresses

OFFICIAL CHAMBERS OF COMMERCE, INDUSTRY
AND NAVIGATION OF SPAIN

Consejo Superior de Cámaras Oficiales de Comercio, Industria y
Navegación de España
Calle Claudio Coello 19
28001 Madrid
Tel: 91 5753400 Fax: 91 4352392

Cámara de Comercio Internacional
Calle 19, 1°
28001 Madrid Claudio
Tel: 91 2753400

Algeciras
Avenida Virgen del Carmen 15
11201 Algeciras/Cádiz
Tel: 956 655811

Alicante
San Fernando 4
03002 Alicante
Tel: 965 201133

Almería
Paseo de Almería 61, 1°
04001 Almería
Tel: 951 234639

Avilés
Plaza de Camposagrado 1
33400 Avilés/Oviedo
Tel: 985 544111

Ayamonte
Plaza de José Antonio 1
21440 Ayamonte/Huelva
Tel: 955 320050

Barcelona
Diagonal 452-454
08006 Barcelona
Tel: 93 4151600 Fax: 93 2371082

Bilbao
Alameda Recalde 50
48008 Bilbao
Tel: 94 4444054 Fax: 94 4436171

Cadiz
Ahumada 2
11004 Cádiz
Tel: 956 223050

Cartagena
Plaza de Castellini 5
30201 Cartagena/Murcia
Tel: 968 507050

Castellon
Avenida del Rey Don Jaime 29
12001 Castellón
Tel: 964 215000

Ceuta
Teniente Arrabal 2
11701 Ceuta
Tel: 956 511815

La Coruña
Alamada 38, 1°
15003 La Coruña
Tel: 981 224509

El Ferrol
María 158
15401 El Ferrol/La Coruña
Tel: 981 351960

Gerona
Avenida Jaime I 46
17001 Gerona
Tel: 972 200400

Gijón
Instituto 17
Gijón/Oviedo
Tel: 985 343235

Granada
Acera del Darro 72, 1°
18005 Granada
Tel: 958 263020

Huelva
Sor Angela de la Cruz 3
21003 Huelva
Tel: 955 245900

Las Palmas
León y Castillo 24
35003 Las Palmas de Gran Canaria
Tel: 928 371000

Lugo
Avenida de Ramón Ferriero 18
27002 Lugo
Tel: 982 224311

Mahón
Miguel de Veri 3-A
67703 Mahón/Menorca
Tel: 971 363194

Málaga
Bolsa 1
29015 Málaga
Tel: 952 211673

Melilla
Cervantes 7
29801 Melilla
Tel: 952 684840

Motril
Hernández de Velasco 7, 2°
18600 Motril/Granada
Tel: 958 600061

Murcia
Frutos Baeza 5
30004 Murcia
Tel: 968 217440

Oviedo
Quintana 36
33009 Oviedo
Tel: 985 215498

Palamós
Plaza de la Murada 1
17230 Palamós/Gerona
Tel: 972 314077

Palma de Mallorca
Estudio General 7
07001 Palma de Mallorca
Tel: 971 212532

Pontevedra
Garcia Gamba 8
36001 Pontevedra
Tel: 986 851488

San Feliu de Guixols
Carretera de Palamós 6 bis
San Feliu de Guixols/Gerona
Tel: 972 320884

San Sebastián
Aguirre Marimón 2
20002 San Sebastián
Tel: 943 272100

Santa Cruz de Tenerife
Plaza de la Candelaria 6
38006 Santa Cruz de Tenerife
Tel: 922 245384

Santander
Plaza de Pedro Velarde 5
39009 Santander
Tel: 942 212800

Santiago de Compostela
Rua Nueva 44
15705 Santiago de Compostela/La Coruña
Tel: 981 584600

Sevilla
Plaza de la Contratación 8
41004 Sevilla
Tel: 954 211204 Fax: 954 225619

Tarragona
Avenida Colón 2
43002 Tarragona
Tel: 977 219676

Tortosa
Historiador Despuig 13
43500 Tortosa/ Tarragona
Tel: 977 441537

Tuy
Agusto González Besada, Edificio Plaza 2°
36700 Tuy/Pontevedra
Tel: 986 600216

Valencia
Poeta Querol 15
46002 Valencia
Tel: 96 3511301 Fax: 96 3516349

Vigo
Velázquez Moreno 22
36202 Vigo/Pontevedra
Tel: 986 212438

Villagarcía de Arosa
Arzobispo Lago 17, 1°
36620 Villagarcía de Arosa/Pontevedra
Tel: 986 500447

OFFICIAL CHAMBERS OF COMMERCE AND INDUSTRY

Albacete
Plaza de Altozano 4
02001 Albacete
Tel: 967 229208

Alcoy
Avenida del Puente de San Jorge 3, 3°
03203 Alcoy/Alicante
Tel: 965 330804

Andujar
San Francisco 11, 2°
23740 Andujar/Jaén
Tel: 953 500890

Arévalo
Plaza del Generalísimo 5,
65200 Arévalo/Ávila
Tel: 918 300343

Astorga
Plaza de San Miguel 7, 1°
24700 Astorga/León
Tel: 987 615275

Ávila
Eduardo Marquina 6
05001 Ávila
Tel: 918 211173

Badajoz
Avenida General Rodrigo 4
06004 Badajoz
Tel: 924 234600

Bejar
Colón 11
37700 Bejar/Salamanca
Tel: 923 400610

Briviescas
Calvo Sotelo 2, 1°
09240 Briviescas/Burgos
Tel: 947 590243

Burgos
San Carlos 1, 1°
09003 Burgos
Tel: 947 201844

Cáceres
Plaza del Doctor Durán 2
10004 Cáceres
Tel: 927 248254

Ciudad Real
General Rey 3
13001 Ciudad Real
Tel: 926 221220

Córdoba
Pérez de Castro 1
14003 Córdoba
Tel: 957 296199

Cuenca
Princesa Zaida 15, 1°
16002 Cuenca
Tel: 966 222351

Guadalajara
Mayor 28
19001 Guadalajara
Tel: 911 225965

Huesca
Angel de la Guarda 7
22005 Huesca
Tel: 974 212746

Jaén
Hurtado 29
23001 Jaén
Tel: 953 253202

Jerez de la Frontera
Eguilúz 2
11402 Jerez de la Frontera/Cádiz
Tel: 956 340791

León
Fajeros 1,
24002 León
Tel: 987 224400

Lérida
Anselmo Clavé 2
25007 Lérida
Tel: 973 237349

Linares
Sagunto 1
23700 Linares/Jaén
Tel: 953 692103

Logroño
Gran Vía del Rey Don Juan Carlos 17
26002 Logroño
Tel: 941 248500

Lorca
Pio XII 27
30800 Lorca/Murcia
Tel: 968 467370

Madrid
Calle Huertas 13
28102 Madrid
Tel: 91 5383500 Fax: 91 5383677

Manresa
Plaza Pedregar 1
08240 Manresa/Barcelona
Tel: 93 8724222

Miranda de Ebro
Estación 5, 1°
09200 Miranda de Ebro/Burgos
Tel: 947 322356

Orense
Avenida de la Habana 56
32003 Orense
Tel: 988 232144

Orihuela
Doctor José María Sarget 41
03300 Orihuela/Alicante
Tel: 965 300278

Palencia
Mayor 9, 2°
34001 Palencia
Tel: 988 743977

Pamplona
Yangaus y Miranda 27, 2°
31002 Pamplona/Navarra
Tel: 948 241100

Reus
Boule 8
43201 Reus/Tarragona
Tel: 977 314651

Sabdell
Alfonso XIII 45
08202 Sabadell/Barcelona
Tel: 93 7254911

Salamanca
Plaza de Sexmeros 1
37001 Salamanca
Tel: 923 213879

Segovia
Juan Bravo 7
40001 Segovia
Tel: 911 432311

Soria
Comuneros de Castilla 2 y 4
42002 Soria
Tel: 975 213944

Tarrasa
San Antonio 39
08221 Tarrasa/Barcelona
Tel: 93 7842111

Tárrega
Plaza Mayor 10
25300 Tárrega/Lérida
Tel: 973 310753

Teruel
Amantes 11, 3°
44001 Teruel
Tel: 974 601503

Toledo
Plaza de San Vicente 3
45001 Toledo
Tel: 925 223817

Torrelavega
Ruiz Tagle 6
39300 Torrelavega/Santander
Tel: 942 890162

Valladolid
Plaza de España 13, 2°
47001 Valladolid
Tel: 983 221043

Valls
Plaza de los Mártires 6
43800 Valls/Tarragona
Tel: 977 600909

Vitoria
General Alava 22, 1°
01005 Vitoria/Alava
Tel: 945 231950

Zamora
Pelayo 4
49002 Zamora
Tel: 988 511473

Zaragoza
Jaime I 18
50003 Zaragoza
Tel: 976 295900

SPANISH CHAMBERS OF COMMERCE ABROAD

5 Cavendish Square
London WIM ODP
Tel: 071 637 9061 Fax: 071 436 7188

SPANISH MINISTRIES

Ministry of Agriculture, Fisheries and Food
Paseo Infanta Isabel 1
28014 Madrid
Tel: 91 3475000

Ministry of Culture
Plaza del Rey Madrid
28014 Madrid
Tel: 91 5320093

Ministry of Defence
Paseo de la Castellana 109
28016 Madrid 16,
Tel: 91 5555000

Ministry of Economy and Finance
Alcalá 7–9
28014 Madrid
Tel: 91 4682000

Ministry of Education and Science
Alcalá 34
28014 Madrid
Tel: 91 5214806

Ministry of Foreign Affairs
Plaza de la Provincia 1
28014 Madrid
Tel: 91 2664800 Fax: 91 2665032

Ministry of Health and Consumer Affairs
Paseo del Prado 18–20
28014 Madrid
Tel: 91 4200000

Ministry of Industry, Commerce and Tourism
Paseo de la Castellana 160
28046 Madrid
Tel: 91 458810

Ministry of the Interior
Amador de los Ríos 7 and Paseo de la Castellana 5
28046 Madrid
Tel: 91 3193900

Ministry of Justice
San Bernando 47
Madrid 8
Tel: 91 3902000

Ministry of Labour and Social Security
Agustin de Bethancourt 4
28003 Madrid
Tel: 91 5352000

Ministry of Public Administration
Paseo de la Castellana 3
28046 Madrid
Tel: 91 5861000

Ministry of Public Works and Transport
Paseo de la Castellana 67
28046 Madrid
Tel: 91 2531600

Ministry of Relations with the Cortes
Complejo de la Moncloa, Edif. INIA
28071 Madrid
Tel: 91 3353535 Fax: 91 2442991

Ministry of Social Affairs
Calle de José Abascal 39
28014 Madrid
Tel: 91 3477000

Prime Minister's Chancellery
Complejo de la Moncloa Edif. INIA
28071 Madrid
Tel: 91 4491827 Fax: 91 2442991

OTHER USEFUL ADDRESSES

Spanish National Tourist Office
Metro House
57/58 St. James's Street
London SW1A 1LD
Tel: 071 499 0901 Fax: 071 629 4257

Embassy of the Kingdom of Spain
24 Belgrave Square
London SW1 8QA
Tel: 071 235 5555 Fax: 071 828 3067

Spanish Consulate
20 Draycott Place
London SW3 2RZ
Tel: 071 581 5921/4
Opening hours 09.30–12.00 Monday–Friday

Spanish Labour Office
20 Peel Street
London W8 7PD
Tel: 071 221 0098 Fax: 071 229 7270

British Embassy
Calle de Fernando el Santo 16
28010 Madrid
Tel: 1 319 0200 Fax: 1 319 0423

INFORMATION ON LANGUAGE COURSES AND LANGUAGE SERVICES

Centre for Information on Language Teaching and Research (CILT)
Regent's College
Inner Circle
Regent's Park
London NW1 4NS
Tel: 071 486 8221

Institute of Linguists
24a Highbury Grove
London N5 2EA
Tel: 071 359 7445 Fax: 071 354 0202

Institute of Translation and Interpreting
318a Finchley Road
London NW3 5HT
Tel: 071 794 9931

Association of Translation Companies
7 Buckingham Gate
London SW1E 6JS
Tel: 071 630 5454

Asociación Española de Traductores e Intérpretes (ASTI)
Infantas 27 Madrid
Tel: 91 521 88 41

Asociación Profesional de Traductores e Intérpretes (APETI)
Recoletos 5
28001 Madrid
Tel: 91 576 31 42

NEWSPAPERS AND MAGAZINES

Actualidad Económica
Recoletos 1, 7°
28001 Madrid

Cinco Días
San Romulado 26
28037 Madrid

Economía y Finanzas Españolas
Antonio Acuna 11, 1° F
28009 Madrid

El País
Miguel Yuste 40
28037 Madrid

Fomento de la Producción
Gráficas Fomento
Peligro 8
08012 Barcelona

Mercado
Gran Vía 32, 2°
28013 Madrid

Nueva Empresa
Nuñez Morgado 9
28036 Madrid

SOURCES OF INFORMATION ON SPANISH INDUSTRY AND COMPANIES

Base de Empresas Industriales (BADEIN/BADENU)
Sistema de Información Empresaria
Instituto de la Pequeña y Mediana Empresa Industrial
Paseo de la Castellana 141
28046 Madrid
Tel: 91 582 9300

Boletín Oficial del Estado
c/Trafalgar 27 Madrid

Camerdata
Camerdata SA
Calle Alfonso XI 3
28018 Madrid
Tel: 91 521 2983

Catálogo de la Producción Exportación e Importación Española
CEDISA
Almirante 21
28008 Madrid
Tel: 91 308 0644/45

Censo Oficial de Exportadores
ICEX
Paseo de la Castellana 14
28046 Madrid

Directorio de Sociedades-Consejeros y Directivos
DICODI SA
Doctor Castelo 10, 3° A
28009 Madrid
Tel: 91 573 1786

Dun's 15.000 - Principales Empresas Españolas
Dun & Bradstreet
División de Publicaciones Orense 81
28020 Madrid
Tel: 91 571 0800

Ejecutivos
Eurosystem SA
Plaza de Cayao 4, 5° D
28013 Madrid
Tel: 91 521 1912

Empresas de Servicios (SERTEC)
Instituto de la Pequeña y Mediana Empresa Industrial
Paseo de la Castellana 141
28046 Madrid
Tel: 91 582 9300

España 25.000
Fomento de la Producción
Casanova 57
08011 Barcelona
Tel: 93 253 0697

Instituto Nacional de Industria (INI)
Plaza del Marqués de Salamanca 8
28017 Madrid
Tel: 91 401 4004 Fax: 91 275 5641

Kompass Spain
Kompass Ibericom SA
Manuel Gonzálaz Longaria 7, 2° izq.
28010 Madrid
Tel: 91 947 9056

Las 2.500 Mayores Empresas Españolas
Fomento de la Producción
Casanova 57
08011 Barcelona
Tel: 93 253 0697

Oferes
Instituto Español de Comercio Exterior (ICEX)
Paseo de la Castellana 14
28046 Madrid
Tel: 91 431 1240

SYCE
Instituto Español de Comercio Exterior (ICEX)
Paseo de la Castellana 14
28046 Madrid
Tel: 91 431 1240

EMPLOYERS' ORGANIZATIONS

Círculo de Empresarios
Serrano Jover 5, 2°
28015 Madrid
Tel: 91 248 3188

Club de Empresarios
Paseo de la Castellana 123-9a
28046 Madrid
Tel: 91 456 7011

Confederación de Empresarios de Andalucía (CEA)
Avda. San Francisco Javier, 9 edif. Sevilla 2, 9a-26
41018 Sevilla
Tel: 954 650555 Fax: 954 641242

Confederación de Empresarios Vascos (CONFEBASK)
Bilbao
Tel: 94 4422716

Confederación Empresarial de Madrid
Diego de León 50
28006 Madrid
Tel: 91 5627537 Fax: 91 2627537

Confederación Empresarial Valenciana
Músico Peydró 36
46001 Valencia
Tel: 96 3521534 Fax: 96 3525703

Confederación Española de Organizaciones Empresariales (CEOE)
Diego de León 50,
28006 Madrid
Tel: 91 5639641 Fax: 91 2628023

TRADE ASSOCIATIONS

Confederación Española de Comercio de Pequeña y Mediana Empresa
(PYME)
Diego de León 50,
28006 Madrid
Tel: 91 4116161 Fax: 91 5645269

EXPORT

Instituto Español de Comercio Exterior (ICEX)
Paseo de la Castellana 14
28046 Madrid
Tel: 91 4311240 Fax: 91 4316128

Dirección General de Transacciones Exteriores
Ministerio de Economía y Hacienda
María de Molina 50
28006 Madrid
Tel: 91 4116008

Related titles in the series